… mais la vie continue

Bernard Pivot

de l'académie Goncourt

… mais la vie continue

Albin Michel

Pour Carole

« La vieillesse apporte une lucidité dont la jeunesse est bien incapable et une sérénité bien préférable à la passion. »

Marcel Jouhandeau, *Réflexions sur la vieillesse et la mort*

« Quand j'étais jeune, j'étais vieux (…). Devenu vieux et dans le même temps devenu jeune, je connais le bonheur de vivre, l'énergie abonde, et chaque jour est abordé avec un bel appétit. »

Charles Juliet, *Gratitude. Journal IX*

« Quand on se fait vieux, on se réveille chaque matin avec l'impression que le chauffage ne marche pas. »

Romain Gary, *Charge d'âme*

« La maladie est le salaire de la longévité. »

Pascal Bruckner, *Une brève éternité*

« Se mettre en veilleuse de soi, n'est-ce pas cela, commencer à accepter de vieillir ? »

Laure Adler, *La Voyageuse de nuit*

La santé (1)

J'ai dit à Octo que nous passons trop de temps à parler de notre santé. Notre corps, j'en conviens, est un sujet d'autant plus capital que son fonctionnement laisse maintenant à désirer. Beaucoup de petites pannes, de douleurs soudaines, parfois fulgurantes. Il faut bien confronter notre apprentissage de la vieillesse. Comparer le déclin de nos carcasses et de ce qu'elles renferment. Mais de là à en faire le thème essentiel de nos conversations, évoquer à chacune de nos rencontres, lui les caprices de sa prostate, moi les aigreurs de mon estomac, non, cela n'est pas bon pour notre moral. Sa santé nous importe également.

Il faut bien cependant s'aborder l'un l'autre par l'inévitable « Comment vas-tu ? ». À quatre-vingts ans, « Comment vas-tu ? » n'est plus une formule de politesse, c'est une question médicale. On n'y répond plus avec désinvolture par « Ça va, et toi ? ». On profite de l'aubaine pour détailler à l'interlocuteur imprudent les dernières défaillances du corps et se plaindre des agressions de l'âge. Avant de conclure : « À part ça, ça va. Et toi ? »

Les bilans de santé sont d'autant plus longs que sont anciennes l'amitié et les connivences. Les confidences ne paraissent pas déplacées quand elles s'adressent à un homme du même âge, capable de les apprécier puisqu'il peut en exposer de semblables. On est entre connaisseurs.

Je trouve que Blaise Carare, dit Octo, abuse de mon écoute. Passe encore si, un jour, il m'annonçait un calcul biliaire, le lendemain un zona, le jour d'après des acouphènes. Mais c'est toujours de sa satanée prostate qu'il nous faut ressasser les méfaits. De même, c'est mon estomac que je pousse toujours dans la conversation pour équilibrer nos temps de parole. Je n'y parviens pas parce que les manifestations incongrues de la prostate sont plus variées et plus spectaculaires que les perturbations gastriques.

Octo a l'avantage de situer ses malheurs au-dessous de la ceinture. De cette partie du corps les nouvelles qui nous parviennent sont toujours un peu sulfureuses et intriguantes. Hormis les ayants droit, le pantalon de l'homme ne s'ouvre, symboliquement s'entend, qu'en raison de défaillances organiques. Poussant souvent aux toilettes, elles ne peuvent être masquées. C'est l'autre atout d'Octo. Quand nous déjeunons ensemble ou que, chez lui ou chez moi, nos palabres sont longs, vient le moment où il s'éclipse en priant de l'excuser. Son retour, fatalement, réintroduit sa prostate dans la conversation.

J'ai proposé à Octo de limiter à trois minutes chacun notre bilan de santé chaque fois que nous reprenons contact. Je lui ai remontré qu'au-delà nous chutons dans la complainte. Au lieu de nous conduire en seniors maîtres d'eux-mêmes, nous nous donnons mutuellement le spectacle de vieillards inquiets et geignards. De la tenue, que diable !

Octo m'a dit qu'il ne se laisse aller que devant Victoria, sa chienne, et moi, son plus vieil ami. Aux membres de sa famille et à ses voisins, il ne confie que le minimum. Depuis si longtemps proches l'un de l'autre, il pense que nous n'avons à nous soucier vis-à-vis l'un de l'autre que d'être vrais. « Vrais, sincères, j'en suis bien d'accord, lui ai-je dit, mais ne vois-tu pas que nous sommes souvent, tous les deux, dans un rabâchage complaisant ? Ne risquons-nous pas, prenant un certain plaisir à gratter notre plaie devant l'autre, à étendre ce plaisir dans des conversations avec des tiers où il serait déplacé ? »

En riant nous nous sommes rappelé ce dîner des anciens élèves du lycée Tocqueville où c'était à qui souffrait le plus de l'arthrose. La compétition était engagée entre un genou, une hanche, un bassin et une épaule. Douleurs comparées, massages et infiltrations au banc d'essai, handicaps en balance, rhumatologues évalués, chacun estimant que le sien était le plus digne de confiance. Au dessert, le bassin avait l'avantage quand le genou révéla que sa femme souffrait des deux siens. Groupée, l'arthrose force la compassion.

L'évocation de ce dîner m'a remis en mémoire la réunion, il y a longtemps, d'une demi-douzaine de femmes qui, à l'heure du thé, racontaient leurs accouchements. La compétition opposait deux camps : les mères pour qui ce fut une longue et terrible épreuve, et celles qui disaient n'avoir pas plus souffert que pour une appendicite. Dans le parti des suppliciées, certaines renchérissaient sur la douleur, donnant mille précisions cliniques. Au contraire, les deux femmes qui avaient mis au monde sans avoir à maudire le ciel jouaient avec une légèreté un peu provocante des métaphores du passage.

À ma mère, du parti des suppliciées, échut la palme du plus gros bébé : 3,900 kilos. C'était moi.

Pour 2 centimètres

Les bilans annuels de santé sont aux vieux ce que sont aux jeunes les examens scolaires et universitaires. Les réussir signifie que nous obtenons au moins la moyenne dans l'analyse du sang et des urines. De bons scores dans les difficiles épreuves du cholestérol, des triglycérides, de la glycémie et de l'urée procurent beaucoup de satisfaction. Et même de la fierté. Plus on prend de l'âge, plus la performance mérite des éloges. On joue désormais dans la catégorie des « seniors plus ». Plus quoi ? Plus d'années, plus de menaces, plus de défaillances, plus de craintes. Les succès de laboratoire valent bien ceux du stade. Ma dernière grosse performance, une hausse du bon cholestérol, une baisse du mauvais, je l'ai fêtée au champagne.

Mon généraliste m'en a félicité. Je l'ai remercié, l'associant à ma victoire comme l'athlète son entraîneur. Ses conseils d'hygiène alimentaire m'ont été utiles. Je les suis épisodiquement. Quand je m'en libère devant une choucroute ou un cassoulet, ma mauvaise conscience, qui s'installe pendant l'attente du plat et disparaît à son arrivée, est si vigoureuse qu'elle agit, j'en suis convaincu, comme une statine.

Il y a aussi que, pour ne pas irriter mon pointilleux estomac, je le préserve le plus possible des sauces épicées, des gibiers, des mets acides, du vin blanc et des alcools forts (le champagne de la cholestérolémie triomphante était une imprudence calculée).

J'observe en m'en amusant que mon estomac concourt à son insu aux excellents résultats de ma biochimie sanguine. Le corps est une petite société dont les membres et les organes dépendent les uns des autres, tirant des bénéfices ou subissant des dommages de leur cohabitation. On fait les mêmes observations dans nos immeubles.

Ma dernière visite à mon généraliste m'a réservé une surprise désagréable. Comme d'habitude, il m'a demandé de monter sur sa balance.

– Quatre-vingt-cinq kilos...

– Mon poids varie peu, dis-je en remettant mon pantalon. Je le surveille. Pour un mètre quatre-vingts, c'est plutôt bien, non ?

– C'est honorable, dit le médecin. Veuillez maintenant vous placer sous la toise. Tenez-vous bien droit, la tête contre le montant, le menton relevé. Voyons, voyons... Un mètre soixante-dix-huit.

– Non, un quatre-vingts.

– Un soixante-dix-huit. Vous vous êtes tassé, cher monsieur. C'est normal. En vieillissant, le corps s'affaisse et perd quelques centimètres. Rien de grave. Deux centimètres en moins, ce n'est pas le bout du monde !

Mais si, fichu docteur, c'est le bout du monde ! J'ai toujours été fier de mon mètre quatre-vingts. Quand on me demande combien je mesure ou quand la conversation roule sur les questions de taille, j'avance mon mètre quatre-vingts avec autorité, d'un ton viril. Pour moi, les grands c'est à partir de cent quatre-vingts centimètres, les petits, en dessous. Je suis juste à la frontière, du bon côté. Avec deux centimètres en moins, je bascule du côté des petits. Comme Octo. Il doit bien faire son mètre soixante-dix. Moins, peut-être. Il a dû se tasser, lui aussi. Il faudra que je le lui demande.

Il y a plus de soixante ans, au conseil de révision j'étais évidemment passé sous la toise. À poil. Bien droit.

– Un mètre soixante-dix-neuf, a dit le médecin militaire du camp, lui, des petits.

– Non, un quatre-vingts, ai-je protesté.

– Exactement, un mètre soixante-dix-neuf centimètres et cinq millimètres. J'arrondis au-dessous.

– Pourquoi pas au-dessus ?

– Vous ne grandirez plus. Au contraire, plus tard…

– S'il vous plaît, docteur, j'aimerais mieux un mètre quatre-vingts.

Il me regarda avec consternation.

– À l'armée, il n'y a pas d'« aimer mieux ». C'est comme ça et ça n'est pas autrement. Vous imaginez une armée avec des préférences, des options, des choix ?

Mon livret militaire avec ma taille à 1,79, je l'ai rangé avec colère au fond d'un tiroir. Il n'en est ressorti que pour des déménagements.

Je conçois qu'on puisse juger un peu ridicule cet attachement névrotique à un nombre de centimètres. Mais c'est une fierté bien modeste qui, hormis deux médecins et quelques intimes, n'est connue que de moi. Beaucoup d'hommes et de femmes portent ou possèdent toute leur vie un petit quelque chose à quoi ils tiennent absolument : la moustache, des boucles d'oreilles, une cravate en tricot, un foulard, une médaille, un bijou, le doudou de leur enfance, un diplôme encadré, un bibelot, le journal du jour de leur naissance, un stylo, des antisèches, etc. Plus ils vieillissent, plus l'idée de perdre ce modeste attribut leur est insupportable. J'ai mal choisi : mon mètre quatre-vingts a rétréci au fil corrosif de l'âge. Je me sens vraiment diminué.

Et perplexe. Je suis de ceux qui pensent qu'avec le temps les choses se tassent, pour reprendre le verbe employé par mon généraliste. J'adore les expressions et il y en a pour dire ce désengagement : « mettre de l'eau dans son vin », « mettre une sourdine », « mettre un bémol ». Ne plus s'échauffer au rappel d'un conflit. Ne plus se foutre en rogne au souvenir d'une tromperie. Passer les brouilles par profits et pertes. Oublier les ingrats, les méchants, les faux culs, les débiteurs insolvables. L'oubli est l'étape ultime de la vengeance. Montrer moins de passion et plus d'humour dans les jugements sur l'actualité. Après tout, on en a vu d'autres. On a survécu, plutôt bien. Tout n'est pas aussi grave qu'on le croit de prime abord. Laisser aller, prendre du recul. Comme notre corps, les choses se tassent d'elles-mêmes.

Cette distance que l'on met avec le contenu du journal télévisé, c'est se vouloir philosophe. À vingt ans, on s'attache. Par conviction. À quatre-vingts, on se détache. Par sagesse.

Attention ! Ne pas sombrer pour autant dans l'indifférence ou se réfugier dans le retrait. Au contraire, toujours manifester de la curiosité pour la marche du monde. Être attentif aux nouveautés comme aux anniversaires. Mais prendre tout cela d'un peu haut ou de côté, avec le sourire de celui que sa longue expérience a vacciné contre les certitudes. J'essaie de me situer – toujours ces expressions chéries – entre « laisser pisser le mérinos » et « enfourcher son dada ». Je m'efforce d'être un vieil animal raisonnable.

Était-ce mieux avant ?

Mes petites-filles me demandent si c'était mieux avant. Bien sûr, puisque j'étais jeune, beau, ambitieux, et que mon avenir s'ouvrait comme campagne ensoleillée vue du haut du Luberon. Je tenais pour certain d'être arrivé sur terre au bon endroit, au bon moment. Ce n'était pas faux, mais je préférerais débarquer aujourd'hui, avoir cent ans devant moi plutôt que quatre-vingts derrière…

Si je mets de côté ma petite personne, ce n'était pas mieux avant. C'était même épouvantable. Hitler, Staline, Mao, Pinochet, Pol Pot, la Deuxième Guerre mondiale, la guerre d'Algérie, la guerre froide… Il y a toujours des guerres, mais elles sont loin. Mieux vaut en accueillir les réfugiés qu'en recevoir les bombes.

Les progrès scientifiques ont été tels que j'ai l'impression d'avoir changé non pas d'époque mais de monde. Le dernier, si inquiétant soit-il, est le plus médicalisé, le plus supportable, le plus culturel, le plus ouvert, le plus fou, le plus amusant, même s'il me fatigue souvent par ses excès et me tape sur les nerfs par sa complexité.

J'aime raconter à la nouvelle génération, ébahie, que le jour des résultats du bac, ceux-ci n'arrivaient pas sur l'ordinateur ou le smartphone, qui n'existaient pas. Il fallait se déplacer au lycée où ils étaient affichés. Puis rentrer à son domicile pour les annoncer à la famille. L'un des deux cafés proches du lycée Tocqueville n'avait pas le téléphone et, dans l'autre, il fallait faire la queue pour pouvoir glisser un jeton dans un appareil qui, souvent, l'avalait sans fournir la ligne. Colère, hurlements, réclamations. Le patron du café disait qu'il était responsable de la limonade et non du téléphone.

Quand les parents n'habitaient pas la ville où le lycéen avait passé les épreuves du baccalauréat, il devait aller à la poste centrale pour accéder au téléphone interurbain. Il y avait foule. Une employée notait sur un cahier les numéros demandés. Des écouteurs sur les oreilles, elle enfonçait des fiches dans un tableau et ses doigts dans des cadrans. Puis, après parfois une demi-heure d'attente, elle annonçait aux clients le numéro de la cabine où, si tout allait bien, ils pourraient parler à leurs correspondants. « Les Ardillats, cabine 3 », « Ratamouche-sur-Cère, la 1 ». Dans le cas d'un numéro occupé ou qui ne répondait pas, comment ne pas supposer que la téléphoniste s'était trompée dans ses manipulations ? Les lycéens reçus au bac se montraient plus impatients que ceux qui devaient marmonner une mauvaise nouvelle.

Ce n'était pas mieux avant puisque les vieux d'alors pensaient que c'était mieux du temps de leur jeunesse, et ces vieux-là regrettaient l'époque encore plus lointaine de leurs débuts dans la vie. Ainsi, de génération en génération, on remonte à l'*Homo sapiens*, dont les premiers vieillards célébraient le temps où ils étaient de fringants *Homo erectus*. Sans faire injure à ceux-ci, ils ne représentent pas un moment de l'évolution dont pourraient rêver nos vieux Dupont, Smith ou Popov.

Comme la plupart des petits commerçants, les libraires ont quelques raisons de regretter les temps anciens, quand on devait pousser leurs portes pour acheter un livre. Il suffit aujourd'hui de tapoter sur un ordinateur ou sur un smartphone pour recevoir à son domicile le livre commandé. En revanche, les éditeurs seraient malvenus de se plaindre. Le métier est aussi passionnant et lucratif qu'il y a un demi-siècle, quand j'ai créé ma maison. Elle a tenu sa place dans l'avenue de la république des lettres. Ni grande ni petite, d'un format commode et souple. Voilà cinq ans, lorsque je l'ai mise en vente, les malabars de la profession se sont empoignés pour l'acquérir. Même dans une maison d'édition, les chiffres ont le dernier mot. Ce fut un très joli mot.

Maintenant que je n'édite plus personne, les quelques livres dédicacés que m'envoient des écrivains naguère sous contrat chez moi me procurent à la fois plaisir et fierté. Ils ne m'ont pas oublié. Même s'ils ont soixante ans ou plus, je les considère comme de grands enfants émancipés de ma tutelle. J'espère ne pas m'illusionner quand je remarque qu'ils continuent de suivre deux ou trois conseils que je leur prodiguais entre deux manuscrits et deux bouteilles de bordeaux.

Alors, vieux Candide, tout est bien dans le meilleur des

mondes ? Hélas, non ! Trop de misère, trop de violence, trop d'injustice, trop de désespoir. Comme tous les gens de ma génération, je dois avoir quelque responsabilité dans ce désolant état des lieux. Je soulage ma conscience par des dons aux sociétés caritatives. J'aide quelques voisins en souffrance ou dans le besoin. À mes yeux, Coluche est un saint Vincent de Paul moderne et laïc. On devrait mettre son buste dans les mairies, à côté de celui de Marianne. Elle s'ennuie et il la ferait rire.

Pour m'en tenir à la société privilégiée qui est la mienne, je reconnais que c'était mieux avant sur quelques aspects de la vie de tous les jours. Il y avait plus de politesse. La galanterie ne passait pas pour du machisme. La réflexion, la prudence, la lenteur n'étaient pas regardées comme des pertes de temps. La réussite suscitait moins de jalousie. Le français n'était pas pollué par les anglicismes. La dérision ne s'était pas hissée au rang des vertus hygiéniques. On avait plus de considération pour les vieux. Peut-être parce qu'ils avaient survécu à la guerre. Peut-être aussi parce qu'ils étaient moins nombreux et qu'ils dégageaient plus tôt. Enfin, le jeunisme, mot qui n'existait pas, n'était pas encore une valeur souveraine, créant un apartheid de l'âge.

Et si je convoque la nostalgie, je ne peux que regretter les moissons et les vendanges qui étaient alors des fêtes populaires, les bals d'antan, joue contre joue, les vins d'honneur, les chansons de Charles Trenet, les petits trains de campagne, les policiers aux carrefours et leurs bâtons blancs, la traction avant noire des maquisards et des gangsters, les westerns, le feutre mou des hommes et la voilette des femmes en deuil, les encriers, les buvards, les livres massicotés, les treize à la douzaine, les merceries, les drogueries, les rémouleurs, les rigolos adorateurs de Krishna, enfin les conversations, petits gâteaux ronds fourrés de crème d'amande qui ont disparu des pâtisseries.

Mais tout cela n'est que broutilles si l'on dresse en regard le catalogue des inventions, évolutions, révolutions de toute nature qui ont bouleversé nos vies. En bien, en plus, en mieux. Si, si, en mieux, ne serait-ce que parce que nous avons appris à être plus libres de nos pensées et dans nos actes, même si on observe aujourd'hui une pression hargneuse de l'idéologiquement correct.

J'écoute avec consternation des personnes de mon âge fulminer contre le monde contemporain et célébrer, les yeux mouillés, les années cinquante et soixante – quarante, ils n'osent pas, c'était la guerre ! Ils gâchent leurs dernières années par un perpétuel bougonnement qui mine leur moral. Plus ils sont bilieux, plus ils stigmatisent l'époque. Même le soleil les déçoit. De leur temps, il était plus présent, plus franc, plus caressant, et donnait une ombre plus généreuse.

Leur mauvaise humeur tient à distance les jeunes gens et les personnes dans le vif de l'existence qui se lassent que celle-ci soit sans cesse critiquée par comparaison avec un temps qu'ils n'ont pas connu. De ces ronchons je fuis moi aussi les lamentos dans lesquels, au vrai, chacun pleure sur une jeunesse dont sa mémoire arrondit les angles et rafraîchit les couleurs.

L'autre jour, Nona, notre chère Nona, a repris au vol un de nos amis qui se plaignait de son téléphone portable. Toujours à sa recherche, sa sonnerie intempestive, ses coupures, la nécessité de se déplacer pour obtenir une meilleure écoute, la peur de le perdre, un abonnement trop cher... Nona lui a dit : « Vous préféreriez revenir aux jetons, aux cabines téléphoniques, aux dames des postes, au 22 à Asnières ? »

Quand la France passe à l'heure d'été ou d'hiver, Nona est stupéfaite de constater que son smartphone s'est de lui-même mis pendant la nuit à la nouvelle heure. Elle tient tout cela pour un prodige et en rend grâce à Dieu et aux hommes, associés à parts égales dans sa reconnaissance.

Nona

Quadragénaire, je fixais le grand âge à soixante-dix ans. Arrivé à soixante-dix, je l'ai repoussé à quatre-vingts. À quatre-vingts, je l'ai reculé à quatre-vingt-dix. Qui sait, en voyant Nona, quatre-vingt-quinze ans, si je n'irai pas jusqu'à cent ?

Suzanne Blot, dite Nona, s'est installée dans son grand âge avec sérénité. Sa gourmandise pour la vie fait plaisir à voir. Elle affirme que le grand âge n'a pas d'âge, qu'il peut survenir très tôt si le corps se dérobe ou que l'esprit sombre dans la confusion ou, moins pardonnable, dans la connerie.

Nona vit seule depuis longtemps, son mari adoré ayant quitté ce monde prématurément. Sa curiosité pour la France et les Français ne s'est pas émoussée. Elle lit chaque jour un quotidien et regarde les journaux télévisés de 13 et 20 heures, surtout si, le matin, la radio l'a alertée sur un événement qui l'émeut ou l'indigne.

On ne l'a jamais comptée parmi les électeurs qui restent chez eux. Sa mère n'avait pas le droit de vote. Cela suscitait chez sa fille un courroux féministe. Bras dessus bras dessous, elles sont allées ensemble aux urnes, pour la première fois, le 29 avril 1945. Elles étaient fières comme des millions de Françaises pour qui la démocratie était enfin guérie de son hémiplégie.

Nona juge inadmissible la défiance pour les élections de jeunes femmes d'aujourd'hui. À la dernière présidentielle, l'une s'étant vantée devant elle de ne jamais voter « parce que ça ne sert à rien », elle lui a lancé : « Si, ça sert à être fière d'être une femme ! » Je ne suis pas sûr que la jeune femme, faute de culture historique, ait compris le message de la moins jeune.

Nona est restée aussi coquette qu'à vingt ans. Elle l'est même davantage, refusant, ne serait-ce que pour aller faire des courses dans le quartier, de s'habiller avec ce qui lui tombe sous la main. Parfumée, maquillée avec soin, ses cheveux blancs ramassés dans un chignon discret, elle est toujours « tirée à quatre épingles ». J'emploie cette expression parce qu'elle regrette la disparition progressive, inéluctable, d'expressions qu'elle affectionne, comme « un peu fort de café » ou « avoir du foin dans ses bottes », « avoir la tête près du bonnet » ou « faire sa sucrée ». Puisque j'ai évoqué son élégance, je cite aussi, l'ayant entendue prononcer ces expressions, « fagotée comme l'as de pique » et, plus énigmatique encore, « coiffée comme la poupée du loup ».

Accompagnée de l'une de ses filles, Nona peut consacrer tout un après-midi à faire du shopping. Entrant dans les boutiques pour essayer une robe ou un tailleur, elle ne l'achète que si la glace et les yeux de sa fille lui renvoient une belle image d'elle. Elle ne fait halte que pour un thé ou un Coca-Cola. Quand elle est munie d'une canne, on se demande, tant elles semblent peu accordées pour marcher du même pas, si ce n'est pas un accessoire de fantaisie qu'elle a ajouté à sa tenue.

Ses petits-fils la vénèrent. Âgés de vingt à trente ans, ils n'aiment rien tant que dîner avec elle à une terrasse de Montparnasse ou dans un restaurant de plage du petit port méditerranéen où, l'été, avec leurs fiancées du moment, elle les accueille dans sa maison de famille cachée sur les hauteurs.

Si leur grand-mère était d'un tempérament ronchon, moralisateur, dépréciatif, morose, les imaginerait-on aussi ravis de la retrouver et de l'emmener dans leurs bruyants carrosses ? Elle conduisait encore une voiture il n'y a pas longtemps. De peur de la perdre dans un accident, ils lui ont interdit de s'asseoir au volant. Elle l'a bien pris, estimant que la chance d'avoir ses petits-fils comme anges gardiens l'emporte de beaucoup sur le plaisir de passer encore la cinquième.

Dans notre petit groupe où l'amitié fortifie les cœurs fatigués, Nona est la plus populaire. On sollicite sa conversation clairvoyante et enjouée qui témoigne de l'ouverture de son esprit toujours en alerte. Elle parle moins vite qu'autrefois mais, contrairement à quelques-uns d'entre nous, elle ne cherche pas ses mots. Elle n'est pas avare de son temps. Elle ne passe pas tous ses après-midi dans des clubs de bridge (occupation au demeurant excellente pour les vieux neurones), en sorte qu'elle est souvent disponible pour un film ou une exposition, pour une promenade, une visite à l'hôpital, un apéritif, un déjeuner ou un thé. Elle s'est dotée d'une vie sociale qui manque cruellement à la plupart des vieilles femmes qui vivent seules. Octo et moi, qui avons treize ans de moins que Nona – elle nous appelle ses « jeunots » –, nous savons bien que sa disparition entraînera probablement une dispersion de ses amis.

Ce qui me fascine chez Nona, c'est le mélange de bigoterie et de fantaisie. Certaine de retrouver son mari dans une seconde vie de félicité, elle nous assure qu'elle a obtenu par ses chapelets de probants résultats à l'insu des bénéficiaires. Elle prie pour Octo et sa prostate, mais pas pour mon estomac. Elle considère que la responsabilité d'Octo n'est pas engagée dans ses malheurs prostatiques, alors que, si je mangeais moins vite, mon estomac se porterait mieux. Elle invite de temps en temps au restaurant le curé de sa paroisse désertée. Pour lui remonter le moral.

Et c'est la même vieille dame qui va au cinéma voir des films noirs américains, quand elle ne les achète pas par Internet.

Elle a signé plusieurs fois des pétitions sur la Toile, notamment pour une fin digne et sans souffrance des animaux de boucherie. Des scènes épouvantables filmées dans des abattoirs l'ont dissuadée de manger de la viande.

Quand le lieu s'y prête, elle chante à la fin des repas des chansons de Jacqueline François et de Barbara.

Elle n'hésite pas à emmener sa descendance au casino où elle fournit les euros qui seront perdus à la roulette.

Ayant toujours aimé parier, elle continue, mais à l'ancienne, avec des gages. Octo et moi soutenions que, quoi qu'il arrive,

François Hollande se représenterait à l'élection présidentielle. Nona était persuadée du contraire. Elle a gagné. C'est elle qui avait eu l'idée du gage : les perdants ou la perdante devraient se faire tatouer sur le bras un petit quelque chose. Octo et moi avons horreur des tatouages, en particulier quand, dépassant le col de chemise, ils débordent sur le cou. Mais il fallait bien payer notre dette.

Un artiste fidjien du quartier des Abbesses a tatoué une coquille de notaire sur l'avant-bras gauche d'Octo, sur le mien un livre ouvert. Il a doublé son prix, sous prétexte que c'était un travail risqué, plus long, notre peau étant fripée et fragile. À la mortification d'avoir perdu un pari s'est ajoutée l'humiliation d'être traités de vieilles peaux.

Lors du déjeuner suivant, nous avons retroussé nos manches et exhibé nos discrets tatouages devant nos amis. Ils ont applaudi. Nona a offert le champagne. Veuve, elle est fidèle à une autre veuve, comme elle toujours pétillante, la Cliquot.

À propos de veuves, je réunis une fois par an, au cours d'un déjeuner chez moi (j'engage pour l'occasion un chef et un serveur), les six ou sept épouses ou compagnes d'amis et de collaborateurs défunts. C'est ma B.A. Elles ont manifestement du plaisir à se retrouver, alors que c'est pour moi une épreuve. C'étaient leurs hommes dont j'appréciais la personnalité et recherchais la compagnie. J'avais d'excellentes relations avec chaque couple, acceptant leurs invitations, leur en lançant de semblables. Mais les affinités étaient masculines.

Elles ont disparu. Elles me manquent. Et ce repas des veuves est plus pour moi un banquet des regrets qu'un déjeuner récréatif.

Nona n'en est pas parce que ce n'est pas son mari que j'aimais, c'est elle que j'aime.

De quelques avantages et privilèges

Dans le métro ou l'autobus, mon attitude est pour le moins étrange. Je m'en amuse alors que je devrais avoir le rouge au front. A-t-on remarqué qu'en vieillissant on rougit de moins en moins, même les femmes, plus sujettes que les hommes à la coloration spontanée ? Les émotions sont plus lentes, le sang aussi.

Si aucun voyageur ne me cède sa place, j'ai deux réactions possibles.

Soit je bouillonne, j'enrage. Mes cheveux blancs, mes rides, mon air fatigué, mon corps tassé, merde, ça n'émeut donc personne ? Bande de fesses molles !

Soit je me félicite de paraître assez costaud et fringant pour ne pas susciter la compassion. Tu portes encore beau, si, si ! Tu as encore la pêche, ça se voit, tu ne fais pas pitié, et c'est tant mieux !

Dans le cas contraire, si une jeune fille ou un jeune homme se lève pour m'offrir son siège, je reçois ce geste altruiste de deux façons.

Soit, orgueilleux, je refuse tout en me confondant en

remerciements, alors que j'en veux à ce blanc-bec de m'humilier publiquement en attirant l'attention des passagers sur mon âge et mon physique. Il se rassoit, un peu vexé, désemparé, probablement moqué par ses voisins assis que mon refus a soulagés du trait de mauvaise conscience et de jalousie qui les a frappés quand il s'est levé.

Soit j'accepte le siège rendu libre et, tout en remerciant mon bienfaiteur, je le maudis intérieurement de m'avoir infligé en public ce camouflet. Porter assistance à autrui, c'est l'inférioriser tout en se valorisant. Bien joué ! C'est lui qui aurait dû me remercier d'avoir accepté son offre ! Tandis que je m'assois, je me reproche déjà d'avoir préféré le confort à la dignité.

Ma réaction dépend-elle de mon humeur ou de ma forme ? Non, du trajet. S'il s'agit de deux ou trois stations, j'accompagne mon refus d'un sourire splendide d'où on peut conjecturer que ma jeunesse n'est pas aussi lointaine qu'il y paraît. Pour une dizaine de stations, ma force d'âme cède devant l'ultimatum de mes jambes.

On aura raison de me juger bien retors, d'un cynisme qui n'est pas dans ma nature. Mais on est comme ça, les vieux : compliqués à certains moments, pinailleurs, injustes, arrogants. Nous exploitons à fond les circonstances où nous avons encore du pouvoir ou de l'influence, nous en jouissons sans modération. Cela nous monte un peu à la tête, mais c'est bon, très bon.

C'est que nous retirons du grand âge quelques avantages, pour la plupart produits par notre image. Notre visage fripé est une carte d'identité, notre fragilité, un passeport. On bénéficie d'attentions, on nous doit des égards. Sans compter les privilèges des cartes senior. Mais celles-ci relèvent de lois et règlements. Si précieuses soient-elles, parce qu'elles sont un dû et le lot de tous, leur possession ne procure pas les émotions ressenties quand la vie nous fournit des occasions de tester l'ascendant exercé par notre apparence, comme lorsque nous entrons dans un bus ou un métro bondé.

Dans une réunion, on sollicite d'abord notre avis. On sent autour de nous de la courtoisie, du respect même. On rit un peu fort de nos plaisanteries. On approuve nos remarques par des hochements de tête appuyés. On nous cite volontiers. On se tourne souvent vers nous pour établir une connivence qui paraîtra flatteuse à l'assemblée. S'ils ne sont pas les plus sonores, nos applaudissements sont recherchés et appréciés. Nul besoin de se risquer dans la bousculade du buffet, on nous apporte verre plein et assiette garnie. On va chercher notre manteau au vestiaire. On se propose de nous commander ou de héler un taxi.

Tout cela est bien agréable, ma foi, à condition d'être resté sensible aux douceurs de la comédie sociale. Le vieux Cicéron l'était : « Voici certaines marques de respect qui peuvent paraître frivoles, mais qui ont pour nous leur prix : on nous rend visite, on recherche notre compagnie, on s'écarte sur notre passage, on nous cède la place, on se lève en notre présence, on nous escorte, on nous consulte et on nous raccompagne… » (*Savoir vieillir*, 45 av. J.-C.).

J'aime qu'on me dise que je ne fais pas mon âge. La répétition de ce qui est plus une flatterie que le résultat d'une observation scrupuleuse me persuade à la longue que c'est vrai. Les miroirs, surtout le matin, m'affirment le contraire. Mais que la boulangère y aille de son « Je le disais encore hier soir à mon mari, monsieur Jurus ne fait vraiment pas son âge », et je ressens une petite pointe d'orgueil.

J'appartiens désormais à la catégorie des sentimentalement faibles qui, sauf miracle, ne peuvent plus espérer de nouvelles déclarations d'amour. Ni compliments professionnels ni félicitations après des victoires politiques, artistiques ou sportives. Il faut se contenter de mots de politesse ou de courtoisie. Je les reçois avec plaisir et gratitude. Le pain de la boulangère m'en paraît plus croustillant.

Je suis convaincu de vieillir moins vite que mes amis qui, eux, ont la certitude de mieux se maintenir que moi. Jadis, on se rassurait en se disant plus intelligent, plus malin, plus audacieux, moins convenu que ses jeunes amis d'alors. On se conforte maintenant en prétendant être des seniors qui savent esquiver les méchants coups de l'âge avec le plus d'adresse et de pugnacité.

Reste que le privilège que nous apprécions le plus, c'est d'être toujours en vie. On en a perdu en route ! Ils n'étaient ni meilleurs ni moins méritants que nous. Leur billet n'était pas de longue durée. Quand ils ont découvert, dans leur sac ou leur poche, le bon de sortie, c'était trop tard. Nous, ça va. À peu près. « Touche du bois », me dit Octo à chaque fois. Notre petit groupe de vieux amis a la chance de ne compter que des hommes et des femmes encore sur pied, ni cloués au lit ni assis dans un fauteuil, roulant ou pas. Avec, certes, des maladies cachées, des infirmités, des incommodités, des handicaps sournois ou secondaires, mais debout, actifs, vivants. Pourvu que ça dure. La plupart d'entre nous craignent moins de mourir que d'être à jamais paralysés ou tellement diminués que l'existence n'aurait plus de sel. Ne plus distinguer les jours des nuits parce que la nuit aura mangé le jour, telle est notre hantise. On en apprécie d'autant plus la jouissance du temps.

Une question me traverse parfois l'esprit : Quel est celui de nous tous qui lâchera le premier ? Je ne pense pas être le seul à m'interroger ainsi. Nous comparons. Nous évaluons. Nous projetons. Nous extrapolons. C'est idiot et vain. Mais ça fait du bien, surtout quand nous nous accordons les faveurs du pronostic.

Les Jeunes Octogénaires Parisiens (JOP)

Notre groupe d'amis a depuis avant-hier un nom : les JOP, les Jeunes Octogénaires Parisiens. C'est Jean-Paul Blazic qui en a eu l'idée. Il avait d'abord proposé les JV, les Jeunes Vieux. Mais, à l'oreille, JV fait « J'y vais ». Et où va-t-on à quatre-vingts berges et plus ? Au tombeau. Recalé ! Il avait ensuite avancé les JVV, les Jeunes Vieux Véloces. On lui avait fait remarquer que si l'un de nous devenait un handicapé moteur, nous serions obligés de changer de nom. Retoqué ! Puis, ses Jeunes Octogénaires Parisiens, les JOP, ont été adoptés à l'unanimité. L'invention de ce sigle nous a rendus fiers et joyeux comme des gamins.

Les JOP comptent deux couples qui, tous les quatre, ont empilé quelque quatre-vingts années : les Blazic et les Guermillon.

Les Blazic sont des personnes calmes qui avancent dans la vie avec précaution, comme si les patins qu'on prenait autrefois sur les parquets cirés leur étaient restés collés aux pieds. Lui est un merveilleux traducteur de l'anglais, lauréat du prix Halpérine-Kaminsky. Je lui ai confié les livres importants achetés aux États-Unis et en Grande-Bretagne. Il continue de traduire à son rythme pour mes successeurs.

D'ascendance croate, Jean-Paul Blazic ressemble de plus en plus en vieillissant à un long et mince gentleman aux cheveux très blancs, à l'élégance oxfordienne, aux gestes souples et précieux. Il y a quarante ans, il était plus brut de décoffrage, mais il nous a donné l'impression de s'affiner, de se polir chaque jour un peu plus en se frottant aux romans et au vocabulaire anglais. Il a la gentillesse de m'appeler parfois pour échanger sur un mot, ou sur une expression, dont il n'est pas certain qu'il puisse bien exprimer ce que l'auteur britannique a voulu dire. Il vieillit en douceur, ne se plaignant jamais ni de son corps ni de son moral. Est-ce un stoïque ou un chanceux ?

Son épouse, Mathilde, a fait toute sa carrière de fonctionnaire à la Mairie de Paris. Pour son dernier poste, elle était en charge du département des personnes âgées. C'était il y a près de vingt ans, mais elle parle de cette expérience comme si, à regret, elle y avait mis fin hier. Elle allait sur le terrain vérifier comment l'argent public était utilisé. Au contact des détresses physiologiques et morales, elle s'est forgé sur le tard un caractère plus ouvert à la compassion qu'avant. Elle continue à titre personnel d'aider des vieux en difficulté, principalement en remplissant pour eux la paperasse nécessaire pour qu'ils touchent des aides sociales. Elle accomplit ces tâches dans la discrétion, avec une délicatesse qui est le corollaire du calme et de la douceur de son mari.

Un jour, Octo m'a demandé comment d'un mot je qualifierais nos amis Blazic. J'ai répondu : « C'est un couple feutré. » Lui : « Le couple de la sagesse. »

Nous n'en dirons pas autant des Guermillon. Toujours en train de se chamailler, provoquer, disputer. Il n'y a pas de réunion sans qu'à un moment ils ne mettent en spectacle un agacement ou un désaccord. S'engueuler en public ne les gêne pas du tout. Ils semblent au contraire y prendre plaisir. Ils ressentent une stimulation qu'ils n'ont probablement pas chez eux dans des querelles à huis clos. Quand ils s'engueulent, ils ne font pas leur âge. Leurs visages ne sont pas déformés par des rictus de méchanceté. Les mots de la dispute les redressent et semblent les épanouir. C'est une telle routine dans leur couple de se chercher des noises qu'ils échangent leurs amabilités avec sang-froid comme si c'était la chose la plus naturelle du monde. C'est nous qui sommes gênés, encore qu'avec l'habitude cette gêne se soit transformée en distraction complice.

Les hostilités commencent toujours parce que l'un est interrompu par l'autre. Il est repris sur une erreur, pour une précision ou pour un commentaire hâtif. On a rarement entendu Gérard ou Marie-Thérèse Guermillon raconter jusqu'au bout une histoire ou développer un raisonnement sans être brusquement coupé(e) par son conjoint.

L'autre jour, c'est Catherine Deneuve qui a allumé la mèche. Gérard était un excellent menuisier, spécialisé dans la fabrication de bibliothèques. Pendant plus de quarante ans, je lui ai confié la création et l'installation des miennes dans les appartements et bureaux que j'ai occupés. À force, nous sommes devenus des amis. On l'appelle encore pour des conseils. Il aime rappeler qu'il possède un joli carnet d'adresses. Gérard raconte :

– Je suis allé chez Me Tolédano, vous savez, l'avocat de l'académie Goncourt. Je lui ai fait ses bibliothèques et, une fois par an, je passe chez lui boire un café. J'en profite pour constater comment le bois vieillit. Parce qu'il n'y a pas que nous qui vieillissons, le chêne, l'acacia, le teck, l'hévéa, le châtaignier, eux aussi ! Comme il habite rue Saint-Sulpice, j'ai traversé la place. Et là, qui vois-je ? Catherine Deneuve !

– Moi aussi, je l'ai rencontrée, dit Marie-Thérèse, mais devant…

– Tu me l'as déjà dit que tu l'as rencontrée !

– Mais nos amis ne le savaient pas !

– Parce que tu trouves que c'est intéressant pour eux de savoir que tu as croisé Catherine Deneuve je ne sais où ?

– Toi, tu juges bien que c'est intéressant de leur apprendre que tu l'as croisée place Saint-Sulpice !

– Oui, mais moi je lui ai parlé. Parce que je la connais. Alors que toi, tu t'es contentée de la regarder passer. Et tu m'as coupé pour raconter une chose aussi insignifiante ? Tu m'as interrompu pour placer une nouvelle qui, parole de menuisier, ne vaut pas un clou ?

Là, nous, spectateurs, le visage fermé, devons rester sans réaction. Pas un mot ou un mouvement de tête. Si nous laissions entendre que la rencontre de Marie-Thérèse Guermillon avec Catherine Deneuve était sans intérêt ou bien digne d'avoir été mentionnée par son heureuse bénéficiaire, nous attristerions et blesserions l'un ou l'autre.

– Eh bien, vas-y, reprend-elle, raconte-nous ce que tu as dit à Catherine Deneuve. Ou plutôt ce qu'elle t'a dit, qui est plus intéressant.

– Mais tu le sais bien, puisque je te l'ai raconté.

– Je ne m'en lasse pas !

– Ton ironie dévalue à l'avance ce que je veux dire à nos amis.

– Allons, allons, ce n'est pas une petite bonne femme comme moi, que Catherine Deneuve ne connaît même pas, qui peut faire du tort au récit d'un homme qui, lui, est connu de Catherine Deneuve ! Parce qu'il lui a vendu une bibliothèque...

– Et j'en suis fier !

– Tu as raison. C'est la seule chose que tu savais bien faire !

– Tu n'as pas toujours dit ça.

Quand la dispute menace de s'égarer dans la vie intime, l'un de nous intervient pour y mettre fin. J'ignore si les Guermillon le regrettent ou s'en félicitent. Aucune trace sur leurs visages de leur échange d'amabilités. C'est comme s'il ne s'était rien passé.

On peut se demander pourquoi, devant ces manifestations répétées de détestation, au moins de perpétuel agacement, ils continuent de vivre ensemble depuis une quarantaine d'années (pour l'un et l'autre, c'était leur second mariage). C'est que leurs querelles, en privé ou en public, fortifient leur couple, l'empêchent de tomber dans le bla-bla lénifiant et insipide des vieux mariés. Leur attachement l'un à l'autre se noue d'autant plus fort qu'il s'exprime à travers concurrence, conflits, défis, joutes oratoires. Sans l'autre, l'existence serait incolore et sans saveur. Se friter, c'est vivre. Ils tiennent à leurs disputes comme d'autres à leurs silences. Leurs poussées de fièvre sont des manifestations d'intérêt pour leur moitié. Jamais indifférents à l'autre, au contraire, jamais l'un sans l'autre, toujours attentifs, prêts à réagir. Leurs épisodiques et courtes scènes de ménage sont des preuves d'amour. Au début, nous avions du mal à le croire. Mais, depuis le temps, nous en sommes convaincus, et nous pensons même que le jour où l'un des deux mourra, l'autre ne lui survivra pas longtemps tant ils sont unis par ce qui pour nous serait des motifs de désunion.

Nona et les Blazic sont plus gênés par les prises de bec des Guermillon – généralement une seule au cours d'un repas ou d'une réunion – que Septu, dit Coco Bel-Œil, Octo et moi. Nous avons pensé, il y a longtemps, les écarter de notre petit cercle. Impossible ! Pourquoi ? Parce qu'ils nous rendent de précieux services. Gérard ne sait pas seulement travailler le bois. L'eau, l'électricité, le gaz et tous les appareils et tuyaux qui vont avec n'ont pas de secret pour lui. Mieux qu'un bricoleur, c'est un technicien de confiance qui accourt gratuitement quand on l'appelle pour une panne ou une fuite.

Quant à Marie-Thérèse, ex-infirmière des hôpitaux, elle est toujours disponible pour une piqûre, un pansement, un massage, des visites médicales et amicales quand l'un de nous est temporairement immobilisé. En octobre, elle fait la tournée de nos domiciles pour nous vacciner contre la grippe. Il ferait bon s'y soustraire ! Il est quand même un homme qui échappe à son aiguille, Gérard Guermillon, son mari. Elle n'a jamais pu le convaincre de la nécessité du vaccin. Leurs engueulades sur le sujet reviennent chaque hiver comme neige sur les Alpes. Je me demande parfois si le refus obstiné de Gérard n'est pas motivé par son désir de ne pas perdre un sujet de discorde avec son épouse. Chaque année, il met sa vie en danger pour renouer avec les coruscantes bisbilles de son couple. Une preuve d'amour, en somme.

Coco Bel-Œil

Huitième et dernier membre des Jeunes Octogénaires Parisiens, Gustave Jordan, dit Septu, dit Coco Bel-Œil, est le plus jeune et le plus fringant. Nous l'avons surnommé ainsi non parce qu'il est borgne, mais parce que son regard continue de friser quand il se pose sur des femmes que sa curiosité ou sa libido lui a désignées. Si les circonstances lui paraissent favorables, il tente sa chance. Il a gardé un certain charme et il a du bagout. Ils ne sont pas dispensés en vain puisque, selon ses dires, ça marche assez souvent. Lui-même s'étonne qu'avec des arguments qui ne sont plus ce qu'ils étaient, il parvienne à séduire. Avec plus de difficultés, certes, que du temps de sa splendeur, avec un taux de réussite moins élevé, mais avec une honorable efficacité. Il est persuadé que son culot ou son panache impressionne favorablement. Ainsi finit-il par obtenir un acquiescement intrigué.

Coco Bel-Œil nous racontant chacune de ses aventures, nous savons que, malheureusement, elles ne vont jamais jusqu'à la fin espérée. Il allait conclure quand le mari est rentré d'un voyage d'affaires qui a tourné court, un enfant s'est blessé et elle a dû l'emmener aux urgences, une migraine l'a subitement terrassée ou son amant l'a appelée au téléphone au moment où il était encore temps pour elle de se ressaisir. Coco Bel-Œil n'est pas veinard. Ses récits sont faits pour susciter d'abord notre admiration, ensuite notre compassion. Elles lui sont acquises. Nous lui cachons nos petits sourires pas dupes.

Cette fois, c'était une avocate. Son ultime plaidoirie n'avait pas retenu son compagnon, avocat lui aussi, parti avec un jeune et beau délinquant. Il entendait le remettre sur les chemins de l'honnêteté en échange de l'exploration du cadastre de sa sexualité, plus étendu qu'il ne le croyait.

– Nous parlions depuis une bonne demi-heure au bar du Bristol, raconta Coco Bel-Œil, quand l'avocate m'a dit tout à coup : « Mais vous me draguez ? » Compte tenu de notre différence d'âge, les femmes me font souvent cette remarque ou plutôt me posent cette question sur un ton mi-amusé mi-étonné. J'ai la réponse. Tu vas voir, elle est assez habile : « Vous draguer ? Si je vous répondais oui, ce serait d'une prétention invraisemblable. Si je vous répondais non, ce serait une insulte à votre beauté, à votre séduction. » Pas mal, hein ? Même l'avocate, pourtant habituée au bla-bla-bla, en a été bluffée ! J'ai poussé mon avantage et je lui ai proposé de boire un dernier verre chez moi.

– Elle a accepté ?

– Oui. Je pense que je l'intriguais. Elle a probablement un tempérament romanesque et elle devait se dire : Voyons où tout ça va nous mener. Les femmes sont plus aventureuses qu'on ne croit. Un senior comme moi représente pour elles, vois-tu, quelque chose d'exotique qu'elles ont soudain envie d'explorer. L'expérience accumulée au fil du temps peut être aussi à leurs yeux un attrait, disons plutôt un argument, une curiosité. Je me dis que je suis comme un vieil armagnac et qu'il y a des amateurs pour ça. Des amateures, teu-res, je déteste amatrices...

– Et alors, ton amateure de curiosités exotiques ?

– Emballée, transportée. Jusque chez moi...

– Et là, ça a coincé ?

Coco Bel-Œil m'a regardé, stupéfait.

– Comment as-tu deviné ?

– Oh, un vague pressentiment...

– Quand nous sommes arrivés devant ma porte, je me suis aperçu – horreur ! damnation ! – que j'avais oublié mes clés. Elles étaient restées à l'intérieur ! Ce n'était pas la première fois que j'étais victime de mon étourderie. Une funeste habitude. Mais, cette fois, ça tombait très mal. J'ai appelé SOS Serruriers. Dans une heure, m'ont-ils dit. Évidemment, Ghislaine, mon avocate s'appelait Ghislaine, n'a pas attendu. Elle n'allait pas poireauter pendant une heure, avec moi, sur mon palier ! Tu imagines le tableau ? Elle m'a embrassé sur les joues et elle est partie.

– Quelle déveine ! dis-je, hypocritement apitoyé.

Pourquoi Coco Bel-Œil tient-il à passer auprès de ses amis pour un séducteur malchanceux ? S'il fabule, ce n'est pas tout le temps, car je l'ai aperçu deux ou trois fois, en effet, en galante compagnie. Il avait la gestuelle, la tchatche du conquérant. Il est certain que la victoire conclut parfois ses efforts. Mais pourquoi ne pas en toucher les dividendes et nous en faire l'aveu ? Pour s'épargner des questions égrillardes ? Parce que le dernier obstacle du parcours, qui en est aussi la récompense, lui fait peur, lui paraissant infranchissable ? Ou bien s'y est-il risqué, mais sans succès, et préfère-t-il se cacher derrière la malchance plutôt que d'avouer des fiascos ? Il pourrait se targuer d'un comportement aussi brillant dans l'intimité que dans la phase mondaine. Nous n'irions pas vérifier.

Nous nous sommes, Octo et moi, souvent interrogés sur le comportement de notre ami Coco Bel-Œil. Nous sommes arrivés à cette conclusion : il s'efforce de prolonger les réussites de sa vie professionnelle dans sa pseudo-vie amoureuse. J'explique. Agent immobilier, il était réputé pour son irrésistible talent à vendre des appartements. Les clients hésitants, mous, méfiants, il avait le don de trouver les mots pour les convaincre qu'ils avaient enfin déniché le domicile où leurs jours et leurs nuits seraient confortables, voire enchantés. Il savait baisser le prix juste ce qu'il fallait pour leur donner le sentiment qu'ils étaient d'habiles négociateurs. Chez ses confrères et concurrents, son bagout était célèbre. On disait qu'il était capable de vendre un cinquième étage sans ascenseur à un cul-de-jatte. Il était fier de ses scores de ventes, bien supérieurs à la moyenne de la profession.

Mais là se limitait son travail, il laissait à son associé le soin de recueillir les signatures, de rassembler les papiers, de monter le dossier, de le transmettre au notaire. La suite ne l'intéressait pas. Il n'intervenait de nouveau que dans le cas d'un acheteur saisi d'un doute, qu'il fallait regonfler. Sinon, la conclusion était pour son associé.

Octo et moi pensons que, retraité (l'agence a été vendue), Coco Bel-Œil regrette ses triomphes d'agent immobilier. Ses poussées d'adrénaline quand, après une heure de sublime parlote, il avait enfin emporté la décision des clients. Sa fierté quand il rentrait à l'agence avec le couple acheteur qu'il livrait comme un trophée de chasse à son associé et à la secrétaire. Sa jubilation quand il visitait un nouvel appartement à vendre, imaginant déjà les arguments qu'il développerait devant les personnes à conquérir.

Oui, c'est ça, la conquête. Coco Bel-Œil carbure à l'esprit de conquête. Pour se prouver qu'il est toujours capable d'argumenter, de convaincre, qu'il peut encore jouir du plaisir d'embobiner, il a remplacé l'immobilier par les femmes. Avec le handicap de l'âge dont il prétend ne pas souffrir, considérant que, s'il s'y prend bien, il peut au contraire en faire un atout.

Ensuite, Coco Bel-Œil se comporte comme au bon vieux temps : la conclusion ne l'intéresse pas. L'affaire enlevée, ne pouvant maintenant se reposer sur personne pour la mener à son terme, il abandonne, se contentant de savourer son plaisir d'avoir réalisé ce qui était le plus difficile et qui, une nouvelle fois, mobilisait ses qualités de séduction et de persuasion. Ses amis ont remplacé le personnel de l'agence : il nous fait partager sa fierté d'être toujours un peu là, et comment !

Mais il ne va pas plus loin. Plutôt que de nous bourrer le mou avec des exploits sexuels imaginaires, il préfère quitter la scène sur des coups de théâtre ou du sort. Ainsi, après nous avoir émerveillés par le récit de ses conquêtes, il cherche à nous émouvoir par l'évocation de ses infortunes. Ne voit-il pas que nous accordons moins de crédit à celles-ci qu'à celles-là ? que nous le complimentons par admiration et le plaignons par amitié ?

Nous aimons beaucoup Coco Bel-Œil. Il apporte aux JOP une dimension onirique, en en étant le membre le plus original. Plus nous vieillissons, plus nous sommes codés, classés, répertoriés. Au fil des décennies, notre statut a sculpté notre statue. Nous sommes de moins en moins imprévisibles. Nous ne nous échappons plus de nous-mêmes. La fantaisie n'est pas notre fort. Coco Bel-Œil, lui, sait encore jouer, improviser, manigancer des histoires qui, secouant notre esprit de sérieux, nous font rêver.

La santé (2)

Octo et moi avons découvert que nous souffrons tous les deux de crampes, essentiellement la nuit. Soudain, l'une ou l'autre jambe est déchirée par une douleur d'autant plus vive qu'elle court sur l'os. Il faut aussitôt se lever, poser le pied par terre, appuyer fortement et marcher jusqu'à ce que la crampe se retire aussi mystérieusement qu'elle est survenue. Comme les joueurs de tennis, nous avons nos surfaces favorites, Octo le parquet, moi le froid du carrelage.

Nous avons échangé nos gouttes et pilules. Elles se sont révélées aussi inefficaces chez l'un que chez l'autre. La Faculté sait tout sur le cancer, mais pas grand-chose sur les crampes. Des amis d'amis dans les secrets de la médecine de colportage nous ont conseillé de glisser au fond du lit, Octo une pelote de ficelle, moi un savon de Marseille. Les résultats ont été probants au début. Parce qu'on y croyait très fort. Puis, notre foi s'étant assoupie, ou ficelle et savon ayant perdu de leur influx, les crampes ont repris possession de nos vieilles guiboles.

Les urgences de la prostate coïncidant rarement avec les crispations de ses jambes, il n'est pas rare qu'Octo doive se lever cinq ou six fois dans la nuit. Il se compare soit, quand il est de bonne humeur, à la vigie d'un port, soit, quand il est exaspéré, à un flic de garde dans un quartier pourri.

Ce qui nous révolte, c'est d'avoir à nous plaindre d'autres endroits du corps que la partie réellement malade. Je me souviens de Claude Roy, atteint d'un cancer, qui s'étonnait dans son *Journal* d'avoir été contaminé par la grippe. On peut donc cumuler les pépins physiques ? Nos corps sont semblables à des voitures : ce n'est pas parce qu'un joint de culasse a cédé qu'il ne faut pas changer les plaquettes de freins. Il y a des pannes en série. Comme les livres, ce sont les maux du second rayon.

Il n'est pas rare que ces maux, en quelque sorte illégitimes par rapport au mal dominant installé depuis longtemps, occupent davantage la chronique que celui-ci. Ils sont surnuméraires, nouveaux, intermittents, bizarres, ils intriguent, ils agacent, ils font diversion, et les voilà plus commentés que la grave affection avec laquelle on s'est habitué à vivre et qui s'est fondue dans le paysage.

Je constate qu'Octo et moi parlons d'autant plus volontiers de nos malheurs de santé adjacents que nous nous interdisons comme convenu d'évoquer plus de trois minutes notre pathologie principale. Nous trichons en nous reportant sur les annexes. En plus des crampes, pour Octo le nez, pour moi les lèvres.

Est-ce qu'il se fourre le doigt dans le nez pendant son sommeil ? Est-ce qu'il l'écrase sur son oreiller ? Toujours est-il qu'il arrive à mon vieil ami de se réveiller du sang lui coulant d'une narine, toujours la même, la droite. Selon les ORL, il a des cartilages fragiles et des muqueuses trop sèches. Alors le voilà qui m'explique qu'il se badigeonne d'une huile nasale aux essences d'orange et de citron, qu'il ne faut pas confondre une rhinorrhée avec une épistaxis, qu'il est obligé, au cas où, d'avoir toujours dans ses poches des compresses ou des éponges hémostatiques – combien de fois les a-t-il déballées devant moi ? – qu'il enfonce dans son intempestive narine.

– T'est-il arrivé dans la même nuit, lui ai-je demandé, de cumuler crampes, hémorragie nasale et envies de pisser ?

– Non, pas encore, m'a-t-il répondu, plus amusé, semble-t-il, qu'inquiet par cette perspective. J'y ai pensé, figure-toi, et je me suis dit que ce serait un drôle de spectacle de me voir en pyjama aller aux toilettes en boitant et en me pinçant le nez dans un mouchoir…

Les hémorragies nasales étant imprévisibles, elles se manifestent cependant rarement pendant un moment crucial de l'existence. Selon les ORL consultés par Octo, il n'y a pas d'exemple de déclarations d'amour troublées par un soudain écoulement de sang de l'un des deux nez dans l'approche du baiser. Pendant les entretiens d'embauche, des quintes de toux, des éternuements en rafales, des migraines fulgurantes, mais jamais d'hémorragies nasales. De même sur les scènes de théâtre et d'opéra. Le nez est un solitaire. Il fait son sale coup en douce. Il lâche son sang dans le secret de la nuit, de la salle de bains ou du bureau. Parfois à vélo ou en voiture. Plutôt dans la discrétion. Un peu honteux ? Octo et les ORL ne le croient pas : même souffrant, le nez est fier d'occuper le centre du visage.

Comme la narine droite d'Octo, ma lèvre inférieure me fait des misères sous la forme de boutons de fièvre. Deux ou trois fois par an, pas davantage, mais c'est déjà trop. D'autant qu'à mon âge cette calamiteuse éruption est ridicule. Ai-je les hormones en folie ? Mon sang est-il encore acnéique ? Les mots qui sortent de ma bouche sont-ils empoisonnés ?

Cet herpès est si disgracieux que je ne quitte pas mon domicile tant que les pommades n'en sont pas venues à bout. Je dis à Manon que, ne pouvant l'embrasser puisque je suis contagieux, je préfère me priver de sa compagnie. Je me tiens de même à l'écart de mes proches et de mes amis, sauf d'Octo, le vieux copain des bons et des mauvais jours. Je ressens presque le besoin de ses moqueries sur mon bouton. Il le compare à un volcan labial, à une pustule de la variole, au clitoris d'une ancienne maîtresse conservé par fétichisme, à un furoncle du diable. Octo est un notaire qui a gardé de sa profession le goût des métaphores. Il en usait dans ses commentaires juridiques à ses clients pour les aider à comprendre les finesses des lois et les avantages qu'ils pouvaient en espérer.

Adolescent, j'avais quelques boutons sur le front et les joues. Les réflexions moqueuses de camarades du lycée m'étaient insupportables. Ma susceptibilité allait jusqu'à la bagarre. Même les regards navrés ou compassionnels de mes parents me faisaient mal. À l'époque, je n'aurais pas toléré les plaisanteries de mon meilleur copain (qui n'était pas encore Octo). J'ai aujourd'hui le cuir moins épais, ce qui n'entre pas, me semble-t-il, dans l'évolution majoritaire des vieux caractères. Ils ont un peu oublié les bienfaits de l'humour. Ils reconnaissent que Molière, Charlot et Tati les font moins rire qu'autrefois. La plupart sont allergiques à l'ironie cruelle des nouveaux comiques. Certains m'amusent vraiment, d'autres m'ennuient ou m'agacent. Ne me donneraient-ils pas ces fameux boutons de fièvre ?

Je sens bien que je suis sur la pente du tout-sérieux, du tout-austère, du tout-grave, parce que c'est là le courant naturel des hommes et des femmes qui ont conscience de s'approcher chaque année un peu plus de la sortie. Mais je résiste. D'abord par fidélité à un très vieil ami disparu, Raymond L., qui, jusqu'au bout, a diverti ses interlocuteurs par sa manière spirituelle et allègre de commenter la marche du monde. Ensuite, parce que je crois que l'humour est une médecine efficace, de surcroît gratuite et toujours disponible. La bonne humeur, le rire, le persiflage, l'autodérision sont des huiles bienfaisantes dont je ne puis démontrer qu'elles allongent la vie, mais qui, c'est évident, rendent celle-ci plus légère, moins angoissante. Rire de soi est un moyen commode d'avoir un tempérament joyeux.

Je vois bien que nous, les vieux, marchons vers la tragédie. Elle nous attend, elle nous observe, peut-être préparet-elle déjà son embuscade. Impossible de ne pas y penser de temps en temps, mais pas trop. Contre ce poison récurrent, il est nécessaire d'avoir recours aux antidotes de l'humour et de la gaieté.

De la lenteur

Durant mes années de splendeur, je faisais avec succès trois choses en même temps. Maintenant, j'en oublie une en route, quand je ne renonce pas à la deuxième pour me concentrer sur la première.

Finie l'époque des gestes précis et sûrs, des conclusions rapides. Où est donc passé le patron-époux-père-citoyen aux jugements prompts, aux actions véloces et efficaces ? Une de mes phrases favorites : « Je vais régler ça en deux coups de cuiller à pot. » Je suis désormais un vieux lambin.

M'étant longuement observé dans ma pratique de la lenteur, je puis avancer qu'elle a trois causes.

La première tient aux défaillances du corps, à sa perte de vigueur et de souplesse. Je lui transmets mes ordres presque aussi vite qu'avant, mais il les exécute avec mollesse ou gaucherie, comme si le geste demandé lui paraissait inopportun, contre nature. Quant à l'élégance, il y a longtemps qu'elle n'est plus de saison.

C'est un peu tout qui s'est ralenti : se lever, se raser, se laver, s'habiller, descendre ou monter des escaliers, faire ses courses, marcher. Je suis parfois vexé d'être doublé par une nounou qui pousse un landau. Alors, j'allonge mon pas, la rattrape, la dépasse en lui jetant un regard de vainqueur. D'un mouvement de tête, elle l'a intercepté. Aussitôt elle accélère le rythme et, cent mètres plus loin, je suis rejoint, puis elle, sans même un regard, me laisse sur place. L'humiliation d'être doublé par une nounou et son moutard !

Mes gestes les plus ordinaires ont perdu quelques dixièmes de seconde. Beaucoup plus quand ce sont des actes où le corps entier est sollicité et prend des risques. Ainsi enfiler un slip, un pantalon ou une culotte de pyjama (chute sur la moquette). S'extirper de la baignoire ou d'un canapé (poussées grimaçantes et affligeantes torsions). S'accroupir (chute en arrière et première tentative ratée de se relever). Relacer une chaussure dans la rue (chute sur le bitume). Monter en voiture et, surtout, en descendre (douleurs sciatiques, tour de reins, nécessité dans des voitures basses et étroites de sortir comme les bébés par les fesses. S'il y a des témoins, ils balancent entre le rire et l'appel aux pompiers).

J'ai parfois une pensée pour les obèses : comment font-ils ?

Le corps, ce vieux serviteur, est fatigué. Il en a marre de faire et refaire les mêmes gestes depuis tant d'années. Alors il temporise, il renâcle, il se dérobe, il lui arrive même de se rebeller dans une souffrance qui n'est pas feinte puisque j'en ressens la morsure. Il ne faut plus brusquer le corps. Il faut au contraire lui accorder du temps. Je l'entends me dire :

« Hé, on n'est pas aux pièces ! » La fatigue conserve assez d'énergie pour produire de la sagesse.

La deuxième cause de la lenteur chez les vieilles tiges, c'est la maladresse des mains. On connaît des hommes aux mains peu habiles qui excipent de leur inaptitude au bricolage pour aller jusqu'à refuser de changer une ampoule. Alors, avec l'apparition dans les articulations des doigts de l'arthrite ou de l'arthrose – thrite ou throse ? mystère et boule de gomme –, c'est la débandade. Les mains, les pauvres mains piquetées de taches de vieillesse, sont physiologiquement déclassées. On ne peut plus exiger d'elles dextérité, précision, force, rapidité. Il faut se contenter de ce qu'elles nous apportent avec leur allégeance toujours bienveillante mais maintenant limitée.

Même si j'ai la chance de ne souffrir ni de thrite ni de throse, je dois convenir que mes mains ont perdu de leur habileté et de leur sûreté. Elles se sont, comment dire, un peu empâtées, beaucoup ridées. Les doigts n'ont plus la vivacité d'autrefois. Pas rouillés, mais légèrement engourdis. Incapables de fines interventions. Comme, par exemple, rouler du tabac dans du papier Job. Je le faisais pendant mes années universitaires. (J'ai arrêté les cigarettes lorsque je me suis marié, ma femme ne supportant pas mon haleine de fumeur.) Chez l'épicier, je suis au bord de la crise de nerfs quand je ne parviens pas à séparer les deux bords d'un sac en papier transparent arachnéen. Impossible, parfois, de tourner une vis de la chaudière ou le bouchon têtu d'une bouteille de jus de fruits. Pourquoi certains emballages en plastique sont-ils si difficiles à ouvrir ? Pourquoi les fabricants de chemises ont-ils raccourci les boutonnières, m'obligeant à produire des efforts grotesques pour y faire entrer les boutons ? Sur les claviers de l'ordinateur, de l'iPad et du téléphone mobile, mes doigts ne sont plus aussi sûrs et rapides que naguère. Mon écriture n'est plus aussi ferme. Quand j'ai trois ou quatre choses dans les mains, il est probable qu'elles en laisseront tomber une. Si ce sont les journaux, ce n'est pas grave. Je me penche pour les ramasser, et c'est alors que les œufs ou le lait s'échappent…

Plus je vais vite, plus je commets de maladresses. Plus je fulmine contre mes mains et les pauvres pièges dans lesquels elles s'enferrent, plus, agacé, j'accrois ma gaucherie. La lenteur ne permet pas de surmonter tous ces handicaps et nervosités, mais elle les prévient quand elle ne les arrête pas au milieu de leur forfait.

Plus étonnante, enfin, la troisième raison de ma lenteur : j'y ai pris goût.

Alors que, toute ma vie, je me suis efforcé d'aller et de faire le plus vite possible, j'ai découvert sur le tard du charme à la lenteur. Comme si elle était à la fois un désaveu, une délivrance et même une récompense de la vitesse. Comme si elle se présentait comme un long et délicieux relâchement des muscles après des décennies d'efforts accélérés. Comme si c'était une sagesse d'autant plus exquise qu'insoupçonnée. Si je l'avais vue approcher, ne l'aurais-je pas – promptement – écartée ?

Prendre mon temps pour petit-déjeuner, quel bonheur ! Je me souviens des bols de café au lait avalés debout, repoussant les tartines préparées par ma femme ou le pot de yaourt dont elle avait ôté le couvercle. Maintenant, assis, je ne me lève que pour m'emparer des toasts grillés, pour me resservir de jus d'orange ou de café, pour retirer l'œuf coque de la casserole d'eau bouillante. Augmenter le son de la radio. Étaler mes longues jambes sous la table. Rajouter un peu de miel sur le pain beurré. Mâcher la nourriture avec une gourmandise lente, méditative, qui fait l'étonnement de mon estomac malade d'avoir été si longtemps brutalisé.

Je continue d'expédier le plus vite possible les bien nommées affaires courantes. Mais je prends du plaisir à ne pas me presser dans l'accomplissement d'actes agréables auxquels un surcroît d'attention et de perfectionnisme ajoute de l'hédonisme. Ainsi faire la cuisine pour Manon, Nona ou Octo (j'aime les repas en tête à tête ; au-dessus de deux personnes, je fais venir l'un des cuisiniers dont j'ai édité le livre de recettes ou j'invite au restaurant). Ranger ma bibliothèque. Lire la presse (autrefois, je me contentais souvent de la lecture des titres). Faire le matin des mouvements de gymnastique. Faire l'amour avec Manon (pas du tout ennemie de la lenteur).

Je constate avec amusement que, lorsque nous avons l'essentiel de la vie devant nous, nous courons comme si nous avions peur de manquer de temps. Et voilà que, alors que le temps nous est maintenant mesuré, que le restant de son capital s'amenuise de jour en jour et que nous nous retenons de tendre le bras de crainte de toucher notre ligne d'horizon, nous nous laissons aller à goûter, à condition qu'ils ne soient pas subis, les plaisirs de la lenteur.

Je ne méprise plus les expressions « prendre son temps », « ménager du temps », « donner du temps au temps ». À long terme, je n'ai plus beaucoup de temps ; à court terme, j'ai tout mon temps. C'est un paradoxe sur lequel je médite en prenant mon temps.

Du pouvoir

Le pouvoir me manque.

Le mien n'a pourtant pas été d'une ampleur considérable. Ma maison d'édition n'a jamais compté plus d'une vingtaine d'employés. Comparé à Antoine Gallimard ou Robert Laffont, je n'ai été qu'un petit artisan du livre. N'empêche que le prestige dont jouissaient les Éditions de Montenotte – nom d'une victoire de Bonaparte pendant la campagne d'Italie et de la rue de mes premiers bureaux – a reposé pendant trente-huit ans sur ma capacité à gouverner une entreprise. Diriger des hommes et des femmes. Prendre des décisions. Orienter, modifier, persévérer, innover, ajuster, changer, relancer. Ce qui supposait chez moi des aptitudes à prévoir, organiser, évaluer, embaucher, commander, féliciter, récompenser, engueuler, investir, rationaliser, prospérer. Ce sont là quelques verbes de la jactance du patron.

Donnais-je des ordres ? J'ai été plus habile, déguisant mes décisions sous des conseils dont le ton sur lequel ils étaient prononcés stipulait qu'ils devaient être suivis : « Je crois que votre intérêt maintenant est de… », « Pour notre développement à court terme, il est essentiel, et même primordial, que vous... », « Je suis sûr que votre avenir chez nous réside dans votre volonté plus marquée de... ». Le responsable des ventes m'avait surnommé Circonlocu. Quand, atteint par la limite d'âge, il a pris sa retraite, aux cadeaux de l'entreprise j'ai ajouté un scion de canne à pêche.

Le pouvoir me manque comme le théâtre manque à celui qui ne monte plus sur scène.

Mais mes amis m'ont apporté une jolie compensation en faisant de moi quelqu'un qui se situe entre le guide et l'animateur. Ni chef ni patron, mais le type qui suggère, qui organise, auquel on s'adresse pour un renseignement, un conseil ou un problème. Des JOP je suis le meneur naturel. On ne m'a pas élu. Cela allait de soi. On a jugé que mon expérience professionnelle justifiait ma légitimité à proposer, à décider, à prendre en charge les intérêts de notre petit club de vieux.

C'est donc moi, par exemple, qui organise le voyage de quatre ou cinq jours que nous faisons chaque année, au printemps, dans une ville européenne. (Depuis deux ans, Nona n'y participe malheureusement plus. Elle en revenait trop fatiguée.) C'est aussi moi qui sélectionne les restaurants, retiens la table, fais des achats groupés de vins de Champagne et de Bordeaux, achète les places de théâtre et de concert (les Guermillon préfèrent le music-hall), décroche des visites privées d'expositions (collectionneur, Octo est le plus calé de nous tous en art moderne).

Jamais d'ordres à mes amis. Toujours dans la suggestion.

Je rends l'information alléchante. J'oriente le commentaire. Je fais état d'avis recueillis sur Internet. Mais je les laisse juges. Il est rare qu'ils ne me suivent pas. Mon pouvoir est modeste, tout en nuances, habile, mais toujours orienté vers ce que je crois être sincèrement l'intérêt de chacun et la satisfaction de tous.

En revanche, je me montre beaucoup plus autoritaire avec moi. Comme si je me vengeais sur ma personne du pouvoir que je n'ai plus sur les autres. Depuis le décès de mon épouse, il y a onze ans, je vis seul. Mes fiancées d'un week-end, d'un mois ou d'une année, n'étaient chez moi que de passage. Avec Manon, c'est plus robuste. Elle est entrée dans ma vie il y a deux ans et demi. Je l'aime. Mais nous avons décidé de ne pas vivre ensemble pour augmenter nos chances de vieillir ensemble. Quoi qu'elle soit plus jeune que moi de dix-huit ans, elle a pris des habitudes de femme célibataire – depuis longtemps divorcée – qui risquent de ne pas être compatibles avec les miennes. Nous préférons nous rendre visite. Sonner l'un chez l'autre et, le cœur battant, voir la porte s'ouvrir plutôt qu'utiliser la clé de la cohabitation.

Quant à mon unique enfant, Patrice, je ne le vois, pendant huit jours, qu'une fois par an, lorsqu'il abandonne la direction de sa gigantesque laiterie en Nouvelle-Zélande. Il a trois filles qui parlent aussi mal le français que leur mère. Curieuse infortune pour un éditeur de langue française que de devoir parler anglais avec sa famille réunie au bord de la Seine.

Je vis donc seul, mais avec souvent l'étrange impression que nous sommes deux. Est-ce un effet de l'âge ou de la solitude ? Je m'arrête pour m'observer, me surveiller, commenter, souvent à voix haute, ce que je viens de faire ou ce à quoi j'étais en train de réfléchir. Dédoublé, je suis l'acteur et son critique, le sujet et son exégète. Et mon moi jumeau y va sans ménagement, les hypocrites circonlocutions de mes années professionnelles n'ayant plus de raison d'être, et pas davantage les nuances utilisées avec mes amis. Me voici, le voici, direct, impitoyable, grossier, tel un patron de choc : « Mais je rêve ! Tu as encore oublié tes journaux à la pharmacie ! Tu as quoi dans la tête ? De la margarine ? Du saindoux ? Ce n'est plus de l'étourderie, c'est de la sénilité. Depuis le temps que je te dis de penser à ce que tu avais dans les mains en entrant, avant de quitter un commerce. Ce n'est pas compliqué. Un enfant peut comprendre ça. Mais toi, tu es devenu tellement vieux, l'esprit tellement raplapla, que tu n'arrives même plus à te rappeler… Non, ne m'interromps pas !… La vérité te gêne, mais c'est comme ça, tu deviens gaga ! Parce que quand tu n'oublies pas les journaux à la pharmacie, ce sont les médicaments que tu oublies chez le marchand de journaux ! Ou la pâtisserie chez le libraire ! Tu as toujours été étourdi, je te le concède, mais pas dans ces proportions ! Pas avec cette fréquence… Comment, j'exagère ?… Je constate simplement qu'avec tes conneries, tu es souvent obligé de remettre tes chaussures et ta veste pour redescendre chercher ce que tu as oublié… Peut-être que s'il n'y avait pas d'ascenseur, tu ferais plus attention, tu vieillirais moins vite… »

Mon moi jumeau m'engueule encore – souvent à voix

haute – pour avoir oublié un rendez-vous, raté une émission de télévision, fâché Manon, cassé une porcelaine de famille, perdu ma carte Vitale, trop mangé ou trop bu, relancé mes douleurs d'estomac, fait des cauchemars. Je proteste contre ses réquisitoires trop sévères, surtout sans égards. Cela excite encore plus sa méchante verve. Je finis par lui dire que, quand nous étions jeunes, il ne me traitait pas de la sorte, il n'osait pas. Il profite désormais de ce que je suis vieux pour m'accabler sans ménagement. Le respect des aînés se perd.

La fuite des noms propres

La conversation courait sur l'impertinence et l'insolence. Ce qui les caractérise. Ce qui les différencie. Il y avait autour de la table les Guermillon, qui nous recevaient pour déjeuner, Nona, Octo et moi.

– L'insolence est une impertinence fortissimo, dit Octo.

– Ou, inversement, dis-je, l'impertinence est une insolence douce, soft, gentille.

– Prenons un exemple, dit Nona. Vous savez, ce journaliste de télévision qui s'était assis sur son bureau tout en interviewant le président de la République.

– Mitterrand ?

– Oui, Mitterrand. Mais je ne me souviens pas du nom du journaliste.

– Il présentait le journal de 13 heures sur TF1, dit Gérard Guermillon. Son nom m'échappe.

– À moi aussi, dis-je.

Octo précisa qu'il fumait beaucoup, Nona qu'il avait un « Bonjour » retentissant.

– Il faisait le journal, dit Marie-Thérèse Guermillon, avec

une femme assez sympathique. Elle s'appelait Marie-Laure Augry.

– Mais on s'en fiche de cette Marie-Laure Augry, lança son mari. C'est le nom du journaliste qu'on cherche !

– Mais Augry, c'est une piste !

– Qui nous égare !

– Pas du tout. Je crois bien que le nom du journaliste se terminait aussi par *i*.

– Brancusi, lança Guermillon.

– C'est un sculpteur.

Octo et moi l'avons dit ensemble, pas mécontents d'afficher notre culture quand l'occasion s'en présente.

Au-dessus de la salade d'endives aux noix, nous avons encore longtemps cherché, proposant des noms...

– Roger Gicquel !

– Non, pas Gicquel, il était triste, compassé.

– Ah, un nom qui se termine par *i* : Jean Lanzi !

– Tu brûles probablement. Mais c'est pas lui.

– Pierre Desgraupes !

– Mais non, c'était un homme très sérieux, Desgraupes. Il a eu des problèmes avec Mitterrand, mais pas pour avoir posé ses fesses sur un bureau en face du président.

– Eskenazi, dit Guermillon.

– Qui est-ce ?

– Je ne sais pas, je ne sais plus.

– Tu ne vas pas nous sortir tous les noms en *i* que tu connais, lui lança sa femme. Mussolini, Panzani, Léonard de Vinci...

Nos mémoires ont été incapables de retrouver le nom du journaliste, mais nous sommes arrivés à la conclusion qu'il avait commis vis-à-vis de Mitterrand un geste insolent. Poser ses fesses sur un bureau devant une femme ou son supérieur peut être considéré comme une attitude impertinente. Mais, devant le président, c'était une désinvolture lourde, une impolitesse notoire, une insolence caractérisée. D'ailleurs, si le geste n'avait pas choqué, nous le rappellerions-nous ? Curieux tout de même de se souvenir de cette attitude qui, à l'époque, avait défrayé la chronique et pas du nom de son auteur.

La perte des noms propres a commencé depuis longtemps. Ils se sont retirés de ma mémoire sur la pointe des pieds, comme des fidèles avant la fin d'un office religieux. J'ai soudain besoin de l'un d'eux, je le cherche, impossible de le trouver, il s'est fait la malle. En insistant, en me creusant les méninges, en scrutant le visage, en me remémorant des détails de la vie et de l'œuvre ou des souvenirs communs, parfois le nom me revient. Quelques minutes après ou le lendemain. Le plus commode est d'avoir un interlocuteur encore jeune ou des témoins secourables qui pallient aussitôt à votre défaillance de mémoire.

Dans notre groupe d'amis, seul Jean-Paul Blazic, le traducteur, a gardé une mémoire fiable, aux réponses immédiates. S'il est présent, nous nous tournons vers lui pour obtenir un secours qu'il est fier de nous apporter. Coco Bel-Œil, plus jeune que nous d'une dizaine d'années, a encore une mémoire vaillante, mais elle manque cruellement de culture générale.

Elle cale par ignorance, alors que celle de Jean-Paul lui a valu le surnom de Bic de la Mirandole.

Mais il n'était pas à ce déjeuner chez les Guermillon. Nous étions bien obligés de nous donner le navrant spectacle d'une bande de vieux chasseurs pointant leurs fusils vers un oiseau qui leur restait invisible.

De la purée de morue – moins salée, plus onctueuse que la brandade –, la conversation bifurqua vers la chanson. Nous dîmes notre aversion pour le rap. Sauf Marie-Thérèse Guermillon, qui nous confia qu'un rap, le matin, rechargeait ses batteries. Nous nous tournâmes tous vers son irascible mari pour entendre de quelle phrase assassine il allait commenter ce qu'il était condamné à entendre chaque jour. Mais, fan à vie de Pierre Perret, il se contenta de faire le geste de se boucher les oreilles.

Je dis ma déception de ne jamais entendre de chansons de Charles Trenet sur Radio Nostalgie. Ni de Brassens, ajouta Octo. Nona dit qu'en plus de Jacqueline François et Barbara, ses préférées, elle aime beaucoup Juliette et Delerm. Et que sa chanson favorite est depuis longtemps *Comme un petit coquelicot*.

– Qui la chante ? demanda Octo.

– Je cherche son nom, répondit Nona, je l'aime beaucoup, mais voilà, c'est l'âge, je ne sais plus.

– Ce n'est pas Boris Vian ? suggérai-je.

– Non, il chantait du Boris Vian, mais ce n'est pas lui.

– C'est terrible, j'ai son nom sur le bout de la langue, dit Octo, mais il ne veut pas venir.

– Moi, dis-je, quand je ne parviens pas à trouver un nom, c'est parce qu'il y en a un autre qui s'interpose entre lui et moi, et là, en l'occurrence, je bute sur Boris Vian. Boris, sois gentil, fiche le camp, laisse la place à l'autre…

– Ah, j'ai trouvé, dit Nona.

– C'est qui ?

– Mouloudji.

Aussitôt, les Guermillon, Octo et moi en chœur :

– Et le journaliste, c'est Mourousi ! Yves Mourousi.

Par chance, la ressemblance phonétique du nom du chanteur et de celui du journaliste de télévision nous avait permis de rattraper l'insuffisance de nos vieilles mémoires.

– J'avais raison, dit Marie-Thérèse Guermillon, son nom se termine par *i*. Comme Marie-Laure Augry.

– Non, Augry, c'est un *y*, dit son mari.

– Quelle mauvaise foi !

– Foi se termine aussi par un *i*, dis-je pour calmer le couple.

Pendant la suite du repas – fromage, tarte aux pommes, café –, nous avons buté sur d'autres noms prompts à se faire la belle : titres de livres, de films, de pièces de théâtre…

Chaque fois que l'un d'entre nous s'excuse d'avoir un trou de mémoire qui l'empêche de prononcer le nom du personnage dont il veut nous entretenir, les autres se jettent à sa recherche. Questions, informations, souvenirs, détails se succèdent en désordre. Fausses pistes et bons tuyaux se chevauchent. Chacun voudrait avoir l'honneur de trouver, précieuse victoire qui fournirait la preuve que la tête va toujours bien, alors que celle des autres est de plus en plus stérile. Mais rien à faire, le nom ou le titre continue, le traître, de se cacher. On croit le tenir et, tel un papillon, il s'échappe. On s'énerve, on se désole, on s'en veut, on se fait mal. Le moral en prend un coup, le mien notamment, étant conscient du ridicule d'une conversation qui, plusieurs fois par heure, se transforme en quiz, catégorie plus de quatre-vingts ans.

Souvent, le nom ou le titre surgit tandis qu'on est passé à autre chose et qu'on ne l'attend plus. Celle ou celui qui, soudain, a la chance de se le rappeler ne repousse pas à plus tard le moment de l'annoncer, craignant de le perdre à nouveau. Il considère que sa révélation est plus importante que la conversation en cours, surtout si elle s'est encore enlisée dans la recherche d'un nom ou d'un titre.

Le décalage entre l'aveu d'un trou de mémoire et son comblement collectif peut prendre quelques minutes ou une heure. Il arrive qu'on se sépare sur un ou plusieurs échecs. Octo nous rappelle le soir même ou le lendemain pour nous annoncer, triomphant, après avoir consulté Wikipédia : « C'est Siné qui illustrait des assiettes avec des chats et des jeux de mots qui commençaient tous par chat. Et la musique écrite par Berlioz pour l'inauguration de la gare de Lille – Nona avait raison, ce n'est pas Lyon, c'est bien Lille – s'intitulait *Le Chant des chemins de fer.* »

Pourquoi ne pas abréger nos séances de torture mémorielle en consultant Google sur nos smartphones ? Parce que, d'un commun accord, nous en avons interdit l'usage pendant nos repas et réunions. Si nous, à notre âge, ne donnons pas l'exemple de la politesse, qui le fera ? Mathilde Blazic et Marie-Thérèse Guermillon ont ajouté qu'il faut faire travailler nos méninges et que les techniques modernes de communication, si admirables soient-elles, encouragent la paresse des neurones. Notre santé mentale doit être une priorité absolue.

Coco Bel-Œil proteste de temps en temps contre ce non-recours aux smartphones quand nos mémoires sèchent et que notre ignorance s'étale. Nous ne sommes pas dupes si, cinq ou six minutes – délai de décence – après être revenu des toilettes, il nous annonce le nom que nous n'avons pas trouvé après un énervant palabre auquel il a plus participé par des plaisanteries que par ses connaissances.

Tir groupé contre Alzheimer

Alzheimer est aux personnes âgées ce que l'ogre est aux enfants. C'est le nom redouté d'un monstre cruel qui s'introduit dans nos têtes et y sème la confusion, puis le chaos. Contrairement à Cronos, Barbe-Bleue ou les ogres des jeux vidéo qui, très vite, amusent plus qu'ils n'effraient, Alzheimer répand réellement la trouille dans les familles. Car, imprévisible, il semble ne s'en remettre à aucune logique dans le choix de ses victimes. Pourquoi, demain, ne serait-ce pas moi ?

Le discours médical et la sagesse des familles soutiennent qu'une bonne hygiène du mental est le meilleur rempart contre Alzheimer. Ne pas laisser engourdir son esprit, activer ses neurones, donner chaque jour du grain à moudre au cerveau. Des livres et des articles dans les magazines proposent mille recettes grâce auxquelles les seniors, s'ils ont chaque jour le courage d'en suivre quelques-unes, développeront une bienfaisante gymnastique de l'esprit.

Dans notre petit club, Alzheimer est aussi redouté qu'ailleurs. Sauf de Nona, dont il est désormais certain qu'elle lui a échappé. Par charité chrétienne, elle n'aime pas que nous prononcions le nom honni. Mais elle a ri le jour où, par bravade, j'ai dit qu'Alzheimer pourrait être aussi le nom d'un Allemand champion olympique du lancer de marteau.

Si Alzheimer est d'autant moins probable que le cerveau est actif, Octo ne craint rien. Car il passe plusieurs heures par jour sur des mots croisés et des sudokus. Il lit les titres des quotidiens et magazines qu'il achète, puis il s'installe devant la page des jeux.

Pour les mots croisés, sûr de lui, il se sert d'un stylo-bille, pour les sudokus, d'un crayon muni d'une gomme. Il remplit les cases à une vitesse déconcertante. Vieux routier des mots et des chiffres, il sait flairer les définitions piégeuses et les combinaisons trop commodes. « Les mots croisés, dit-il, c'est pour le plaisir, les sudokus, c'est contre Alzheimer. » Il est persuadé que la santé de son cerveau et son équilibre mental dépendent de ce double exercice quotidien.

Notaire nanti d'un gros cabinet, père de deux enfants, Octo a toujours trouvé le temps de répondre aux sollicitations de Robert Scipion, Michel Laclos, Georges Perec, Max Favalelli, Roger La Ferté, Philippe Dupuis, Louis-Paul Semène et quelques autres. Il dit qu'il ne les connaît pas, mais qu'il les a souvent… croisés. Maintenant qu'il ne travaille plus et vit seul, il peut reprendre leurs vieilles grilles sans limite de temps et en consacrer beaucoup aux nouvelles.

Son addiction est telle que, aussitôt arrivé dans la salle d'attente de ses médecins et de son dentiste, il s'empare d'un magazine et sort son stylo.

Il n'est pas rare que, lors de nos déjeuners, Octo profite d'un ange qui passe dans la conversation pour lancer : « En cinq lettres, *une bonne partie du Finistère* ? C'est de Michel Laclos. » Ou bien : « De Georges Perec : *il lui manque effectivement une jambe*, en six lettres. » Nous ne trouvons jamais. Vient alors le moment où il annonce, aussi triomphant que s'il était l'auteur de ces définitions rusées : *Bécassine*. Ou : *anputé*.

Une fois, Nona a trouvé. Parce qu'elle connaissait la réponse. « De Robert Scipion, en onze lettres : *du vieux avec du neuf*. » *Nonagénaire*.

La lecture est-elle un moyen efficace pour lutter contre Alzheimer ? Je crois que oui. Je lis moins de journaux et de livres que du temps où j'étais éditeur. Je reste cependant, par rapport à la moyenne des Français, un gros lecteur de romans, documents et biographies. M'informer et me faire plaisir guident désormais seuls mes choix. À la retraite, je suis de nouveau un lecteur amateur. Avec de temps en temps les réflexes d'un ex-éditeur à propos des titres, des couvertures, de la typographie, du texte de présentation. J'ai dit un jour à Octo : « J'ai longtemps lu pour éditer, je lis maintenant pour méditer. » Le clin d'œil qui a ponctué ma formule en retirait l'aspect sentencieux.

Comme il lit beaucoup et poursuit ses traductions, notre ami Jean-Paul Blazic entretient parfaitement sa turbine encéphalique. La garantie est prorogée de dix ans. Quant à Mathilde, son épouse, elle se tient au courant des nouvelles réglementations sociales qui touchent les personnes âgées pour continuer de leur venir en aide. La maîtrise du papier administratif exige énormément des facultés cognitives.

Chez les Guermillon, la compétition permanente pour assurer sur l'autre sa domination verbale les préserve d'un relâchement du cerveau. L'attaque-surprise, la riposte fulgurante sont des armes qui, au-delà de la guérilla dans le couple, font probablement reculer Alzheimer.

Enfin, Coco Bel-Œil ne sort jamais sans son Nikon Coolpix A 1000. C'est un photographe amateur doué pour les portraits pris sur le vif. Les couples intéressés par un appartement ou une maison, il les photographiait dans les lieux convoités. Une photo glamour leur donnait l'heureuse impression d'être déjà chez eux.

En revanche, dans sa stratégie de conquête des femmes, son Nikon peut les inquiéter. Passer pour un vieux voyeur salace n'est guère agréable. Dans ces cas seulement, il n'est pas accompagné de son appareil, alors qu'avec nous ils sont inséparables. Hormis Mathilde Blazic qui, parfois, fait des manières, nous aimons être photographiés par Coco Bel-Œil. Nous savons qu'il ne nous fera parvenir que des images où, loin d'être moches ou ridicules, nous porterons joliment nos rides. Après notre dernier voyage, c'était à Séville, il a remis à chacun un album-souvenir de photos. Il en a même fait un pour Nona qui n'en était pas. Elle a beaucoup apprécié le geste.

Nous avons l'impression, les huit JOP, de nous défendre, groupés, contre Alzheimer, les efforts de chacun pour garder un bon usage de sa tête profitant aussi aux autres. La lutte contre le cancer est individuelle et trop aléatoire – où ? quand ? comment ? – pour fédérer nos énergies, tandis que la maladie mentale, elle, bien localisée, nous paraît devoir renoncer à atteindre l'un d'entre nous si nous lui opposons un front uni. Ce qui ne nous empêche pas d'en plaisanter. Un oubli, une étourderie, une bévue, et nous en reportons la faute sur Alzheimer, soit pour nous disculper, soit pour excuser nos amis. Nous invoquons d'autant plus volontiers Alzheimer que nous savons bien qu'il ne s'agit pas de lui. C'est de l'humour préventif. Une espièglerie talismanique où il y a de la bravade et, si l'on gratte, toujours un peu d'inquiétude.

Je suis convaincu – mais sans preuve à l'appui – qu'Alzheimer s'introduit par nos trous de mémoire. La place est vide, alors il s'installe. Je panique un peu quand, quittant une pièce pour aller dans une autre, je ne me rappelle plus quel objet j'y suis venu chercher. Je dois m'arrêter, réfléchir quelques secondes – merde, Alzheimer, lâche-moi ! – et me souvenir de ce que je faisais dans la pièce précédente pour, enfin, redevenir lucide.

Quand je me promets de passer un coup de fil à une personne et que, une heure après, je pense à ce coup de fil mais sans pouvoir dire à qui ; quand je ne sais plus si j'ai pris le matin mon cachet de Mopral ; quand je crois avoir payé ma taxe foncière et que je ne l'ai pas fait ; quand j'attends que la personne qui parle en ait fini et qu'à ce moment-là je ne me souviens plus de ce que je voulais dire ; quand je dois convoquer toute ma tête pour, enfin, me rappeler le sujet et les personnages d'un bon film vu il y a moins d'un mois, alors que *Le Dictateur*, *La Rivière sans retour* ou *Melancholia* continuent, depuis si longtemps, de dérouler dans ma mémoire leurs images magiques ; quand je cherche, en vain, où j'ai bien pu ranger un document précieux ou cacher un bijou de famille – c'est Alzheimer qui démarre ?

Non, j'espère. Mais comment s'empêcher d'attribuer à ce nom crépusculaire tous les petits dérèglements de nos caboches ? On ne prête qu'aux riches, dit-on, et Alzheimer possède un énorme capital de troubles neurologiques qui vont chronologiquement de la boulette au chaos.

Alors, on en rit et on en pleure.

On exorcise le mal en en prononçant le nom maudit à propos de tout et de n'importe quoi, et ça fait du bien.

Alzheimer, dégage !

Nos défauts chéris

Le misanthrope devient encore plus misanthrope, l'égoïste encore plus égoïste, le grincheux encore plus ronchon, le m'as-tu-vu encore plus vaniteux. Il est rare qu'avec l'âge les principaux traits du caractère ne se creusent pas davantage. On vieillit en cédant de plus en plus souvent à nos défauts, en les affichant avec de moins en moins de complexes.

Heureusement, nos qualités suivent le même courant ascensionnel. L'altruiste devient de plus en plus généreux, le sage de plus en plus sage, l'humaniste de plus en plus tolérant.

Bien sûr, il y a de nombreuses exceptions. On voit des hommes et des femmes haïr l'image qu'ils avaient donnée d'eux dans leur jeunesse (finir sa vie à l'autre bout de l'échiquier politique où on avait débuté signifie qu'on a changé d'idées, mais pas nécessairement de caractère). Nos défauts apparaissent sur nos vieux jours avec une franchise souvent due à une plus grande liberté de comportement. Notre réputation, on s'en fiche. On dit ce qu'on a envie de dire, on fait ce qu'on a envie de faire, et basta !

L'avarice est portée dans la littérature par de vieux hommes. Plus on est âgé, plus on tient à son or. Harpagon, le père Grandet, Volpone paraîtraient moins rats et surtout moins ridicules et moins drôles s'ils étaient de jeunes hommes.

Ayant observé chez mes aînés cette propension à fortifier leurs travers sur leurs vieux jours, je m'étais promis d'y échapper. Et comme j'en avais parlé à Octo, nous avons pris la résolution de surveiller, lui son irritabilité, moi mon impatience, les effets étant à peu près les mêmes.

Maintenant qu'il n'a plus ni clercs, ni femme – son divorce tardif lui a coûté bonbon –, ni enfants – des quinquagénaires qui ont eux-mêmes de grands enfants –, Octo a beaucoup moins d'occasions de piquer des colères. Mais une concierge trop curieuse, des voisins trop bruyants, des commerçants pas assez vifs ou aimables, des artisans ou des employés incompétents peuvent lui taper sur les nerfs. Parfois il éructe, parfois il enrage en silence. Il m'assure que, ne voulant pas passer pour un vieil atrabilaire, un vieil aigri ou un vieux con, il se maîtrise de mieux en mieux.

Mon impatience pourrait me porter aux mêmes excès. Mais ma nature me tire vers le mezza-voce : bougonner, râler, maugréer, rouspéter, moquer, ironiser. Je m'efforce, mais c'est difficile, de rester serein devant un retard abusif, une décision qui se fait attendre ou une action trop lente. Je serre les poings, je me mords les lèvres pour ne pas lancer trois ou quatre mots vengeurs. Parfois j'y arrive, parfois non. Ce qui est sûr, c'est que je ne suis pas devenu le vieil impatient chronique et irascible auquel ma longévité me destinait. Avec mes amis, je suis capable de montrer un certain flegme. Avec Manon, je suis aussi patient qu'un Suisse du Vatican. Si ma défunte femme pouvait me voir, elle n'en croirait pas ses yeux et aurait raison de manifester une jalousie posthume.

Je dois avouer un autre défaut auquel, au contraire de l'impatience, je n'oppose aucune résistance. Plus j'avance en âge, plus je le pratique, en en tirant des émotions d'autant plus précieuses qu'elles sont moins nombreuses que du temps du plein emploi de la vie :

Je suis superstitieux.

C'est la faute de ma mère. Elle m'a mis au monde à sept heures le septième jour du septième mois de l'année 1937. Comment n'aurais-je pas fait du 7 mon chiffre fétiche ? Il me poursuit, il m'accompagne et, quand il prend ses distances, je vais le chercher.

J'ai été champion de France de football cadets un 7 mai. J'ai couché pour la première fois avec une dame un 7 août. J'ai terminé 37e au concours de sortie de l'ENA (je sais, septième, ç'aurait été mieux). Avec une femme née elle aussi un 7, je me suis marié un 17 avril, et ce fut pour le meilleur. Mon fils est né aussi un 17. Les Éditions de Montenotte ont été créées au 7 de cette rue (c'est parce que les bureaux étaient au 7 que j'ai donné le nom de la rue à ma maison). J'habite depuis vingt ans au 7 de la rue de Fleurus (sept lettres).

Je m'arrangeais avec les garagistes pour que le numéro de mes voitures neuves se termine par 7. En revanche, dans les hôtels, je laisse la chance décider. Quand ma chambre a un 7 dans son numéro, je suis un locataire satisfait, même si la climatisation ne marche pas bien. Avec des 2, 5 ou 8, je téléphone au concierge pour me plaindre. Quand je croyais au succès d'un livre, j'en avançais ou retardais d'un mois la sortie en librairie pour qu'elle tombe un 7. Par crainte du ridicule, je donnais à l'auteur une autre explication.

Voilà à quels comportements, qu'on jugera infantiles, la superstition pousse ses croyants. Ma foi en un chiffre porte-bonheur serait raillée par les esprits rationalistes – ma femme en était et, seule à connaître mon addiction numérotée, s'en moquait gentiment –, mais je leur opposerais trois arguments : il est incontestable que le chiffre 7 a accompagné la plupart des grands moments heureux ou décisifs de ma vie ; si coïncidences il y a, le hasard en est tellement prodigue à mon endroit que je puis me flatter d'être l'un de ses élus ; enfin, tout cela est bien amusant et me fait croire que, parmi les énigmes de la vie, il en est de facétieuses.

L'énigme paraît encore plus mystérieuse si l'on sait que j'ai souvent misé sur le 7 aux loteries, lotos et tables de roulette sans jamais gagner. Comme si la chance avait décidé de me favoriser à mon insu et de refuser de m'avantager quand je lui en faisais la demande, jugeant probablement que je passais les bornes et qu'elle devait répartir équitablement ses aides.

Le problème, aujourd'hui, c'est que mon chiffre bien-aimé est devenu l'objet d'une douloureuse interrogation : mourrai-je un 7 ? Ce serait logique puisque la mort est une grande date de la vie ; ce serait absurde puisque ce sera un jour triste, de deuil, alors que le 7 a toujours été pour moi un gage de réussite et de bonheur.

Qui peut me dire que ma mort ne sera pas une « délivrance », ainsi qu'on appelle le terme d'une fin abominable, et dans ce cas ne serait-ce pas un jour salutaire ?

Quelle qu'elle soit, la mort est un échec, et le fatum serait d'une cruauté machiavélique en clôturant une litanie de 7 glorieux par un 7 funèbre.

Bref, je n'ai aucune certitude sur la date de ma révérence à la vie, ce qui somme toute est normal. Plus grave, je ne sais pas si j'aimerais ou non mourir un 7. À y bien réfléchir, plutôt non. En sorte que je ne monte jamais dans un avion le 7. Lors de mon premier voyage en Nouvelle-Zélande pour voir mon fils et ma première petite-fille, j'ai repoussé mon départ au lendemain quand je me suis aperçu que j'allais braver la foudre. Je m'arrange pour que les douze 7 de l'année soient des journées tranquilles. Les 17 et 27 du mois présentent un risque, moins grand, me semble-t-il. Aucune précaution, ces jours-là. À Dieu vat !

Une journée de Guillaume Jurus

L'efficacité n'est plus notre affaire. Moins encore la rentabilité. Nous ne sommes plus astreints à des performances professionnelles, nous ne sommes plus contraints à des tâches familiales. La vieillesse donne une liberté de mouvement que nous n'avions pas quand nous étions dans l'empyrée de la vie.

Si des retraités ont des journées réglées comme du papier comptable, c'est qu'ils le veulent bien. Ils ont gardé le besoin d'avoir de stricts emplois du temps qu'ils répètent sans se lasser. C'est un choix qui leur procure le sentiment du devoir. Un quart d'heure de retard, et ils s'affolent, ils s'en veulent, alors qu'ils n'ont d'autre rendez-vous qu'avec eux-mêmes.

J'ai quant à moi renoué avec mon existence assez libre d'étudiant. Encore qu'à l'époque j'aie eu des cours à suivre. Il était rare que je m'y soustraie. Mais je travaillais à mes heures comme je faisais la fête à ma convenance. De même, aujourd'hui, j'organise mes journées selon mes envies, décidant parfois de ne rien organiser du tout, laissant agir des désirs soudains.

Chose inimaginable du temps où j'étais éditeur, marié et père de famille, il m'arrive, calé dans un fauteuil, une eau ou une bière devant moi – mon estomac ne supporte plus les whisky, vodka, cognac, armagnac –, de rêver pendant une heure, parfois plus. Délicieux moments où la mémoire convoque des souvenirs dans un chatoyant désordre et laisse la réflexion s'en emparer pour construire des chimères qui font du bien.

Pommard me réveille entre 7 et 8 heures. Paresseux, je lui dis parfois que c'est un peu tôt, et d'autres fois, impatient, que c'est un peu tard. Nos différends ne portent pas à conséquence. Pommard est un gros matou noir et blanc recueilli par Manon dans la clinique vétérinaire où elle travaille. Elle me l'a confié avec l'espoir que nous deviendrions inséparables. Nous le sommes. Parce que nous sommes tous deux très sociables et que nous partageons un confortable appartement. Nous faisons chambre à part, Pommard ronflant par moments, moi jamais.

La journée commence toujours de la même façon : pour moi une gélule de Mopral 20 mg – médicament miracle qui réduit l'acide dans l'estomac –, pour Pommard des croquettes. Ensuite, tandis que la radio diffuse des informations, la toilette avant le petit déjeuner ou l'inverse, question d'humeur. Café. Avec du lait ou pas ? Jus d'orange ? Œufs à la coque ? au plat ? Crêpes à la confiture ? Je varie selon mon appétit et mes envies. À la servitude du menu répétitif, je préfère la carte ouverte. À quoi je n'oublie pas d'ajouter un ou deux comprimés effervescents bourrés de vitamines.

Durant la journée, j'écris. Il n'est pas d'éditeur qui ne soit un écrivain contrarié. Publier les livres des autres est un moyen habile de se consoler de n'avoir pas assez de talent ou de folie pour écrire les siens. À quatre-vingt-deux ans, je peux me donner l'illusion de débuts prometteurs. Et je n'entre pas dans la carrière sur la pointe des pieds puisque j'écris deux livres en même temps : mes mémoires d'éditeur promis au jeune confrère Guillaume Allary, et ce témoignage sur la vieillesse pour mes vieux potes Francis Esménard et Richard Ducousset d'Albin Michel.

Je cours deux lièvres à la fois ? Oui, parce que les lièvres ne se méfient pas des vieux chasseurs.

Mon plan initial était d'écrire mes mémoires le matin et, après déjeuner, d'abandonner le forage du passé pour l'exploitation du présent. Mais je me suis vite rendu compte que l'écriture ne se distribue pas selon des horaires. Elle est imprévisible, capricieuse. Les souvenirs sont intermittents, les idées fuyantes, les mots indociles. Mon agenda a volé en éclats. Il y a des jours où la mémoire m'ennuie et d'autres où je ne me sens pas assez vieux pour écrire sur la vieillesse. Alors je vais me promener au jardin du Luxembourg ou sur les quais de Seine. Ou bien je vais au cinéma ou visiter une exposition. Et puis l'inspiration, disons plutôt le goût d'écrire, revient et, matin ou après-midi, peu importe, je mets mon ordinateur à l'heure d'avant-hier ou d'aujourd'hui.

Si je n'écrivais pas, mon Dieu, que ferais-je de mes journées ? J'affronterais l'ennui, l'immobile ennui des vieillards désœuvrés.

Entre 10 et 11 heures le matin, ce qui correspond aux mêmes heures en Nouvelle-Zélande mais le soir, j'appelle mon fils sur WhatsApp. Si je le rate, c'est lui qui fait l'effort, agréable je l'espère, de prendre contact avec moi. Nous bavardons pendant cinq minutes. Il me passe parfois son épouse et l'une de mes petites-filles pour quelques mots en anglais. Ce qui importe, c'est moins ce que nous nous disons que les images vivantes échangées.

Je déjeune tantôt d'un plat acheté – en même temps que la presse – chez un traiteur, tantôt du plat du jour d'un bistrot du quartier. Puis, nouveau privilège de la retraite, une sieste énergisante d'une demi-heure dans un fauteuil.

Si je n'écris pas, je lis ou je vais marcher. Pas un médecin qui ne m'ait recommandé de marcher, marcher, marcher ! Chaque soir, l'application Santé sur mon smartphone m'indique combien, dans la journée, j'ai fait de kilomètres, de pas, et gravi d'étages. Manon surveille mes performances.

Le soir, je dîne légèrement – un poisson, un yaourt nature, un fruit – en regardant le journal de 20 heures sur la deuxième chaîne. Je ne suis pas un téléspectateur assidu. Quelques magazines culturels, dont *La Grande Librairie*, et d'investigation politique et économique, un concert sur Mezzo, un document animalier sur Nat Geo Wild, un grand match de football sur Canal +, beIn Sports ou RMC Sport… Pas de films ni de séries. Je préfère la fiction dans les romans que je lis souvent le soir. Et je ne suis pas abonné à Netflix ! Les Blazic et Coco Bel-Œil le sont. Ils passent des nuits entières à regarder des séries. C'est une addiction à laquelle j'entends ne pas céder.

Avant ou après ma toilette du soir, je suis les pages Facebook de mes petites-filles et des Blazic. Je regarde sur Instagram les photos de Coco Bel-Œil et lis les tweets de quelques écrivains et maisons d'édition. Ensuite, je téléphone à Manon pour le récit de nos journées. Plus quelques réflexions sur l'actualité. Enfin, des confidences sur l'oreiller. Je lis au lit pendant encore quelques minutes, parfois une heure, tout dépend de l'intérêt du livre, des magazines et de ma fatigue. Puis, j'éteins la lumière. Pommard dort depuis longtemps.

Les trucs qui agacent

Nous déjeunons ou dînons tous ensemble neuf fois par an. Pour chacun de nos huit anniversaires et le 2 janvier pour fêter l'année nouvelle (le 1er, nous sommes les uns et les autres en famille, moi avec des neveux, nièces et filleuls).

Comme je l'ai déjà expliqué, je suis un peu l'animateur des JOP, celui qui choisit le restaurant quand nous n'allons pas chez l'un d'entre nous, qui achète le cadeau et envoie des fleurs en notre nom à tous. J'aime préparer un thème de conversation ou un questionnaire qui aura pour effet d'égayer et de muscler le repas.

Ainsi, au cours du déjeuner d'anniversaire que nous avons offert à Mathilde Blazic dans le fond tranquille de la Brasserie Lorraine, j'ai proposé que chacun dise ce qui l'insupporte dans l'attitude, le comportement, l'habillement des Français d'aujourd'hui.

– Le petit truc qui vous agace, ai-je ajouté, le détail moderne mais ridicule. Je vais commencer. Cela vous donnera du temps pour réfléchir. Moi, ce que je trouve détestable, ce sont les trous aux genoux des jeans. Pas, évidemment, quand ce sont les trous de pantalons usés jusqu'à la corde, portés par des hommes ou des femmes dans la dèche. Non, je vise les jeans troués de personnes chics qui pensent que c'est très chic de jouer aux pauvres. L'autre jour, dans le métro, une très jolie femme portait une magnifique veste blanche, en soie, du Dior ou du Gucci probablement, au-dessus d'un jean grossièrement rapiécé à un genou et troué à l'autre. Bourgeoise du haut, voyez ma veste, prolétarienne du bas, voyez mon jean. Grotesque !

– Si les jeans se portaient troués aux fesses, ce serait plus original et plus rigolo, dit Coco Bel-Œil.

– Trouées aux genoux ou aux fesses, ajoutai-je, ce sont des personnes qui veulent péter plus bas que leur cul. Cette modestie serait méritoire si elle n'était pas, au contraire, de l'impudence, du cynisme.

– Pour rester dans les manières de s'habiller, dit Jean-Paul Blazic, toujours élégant dans du tweed, je n'aime pas la chemise sur le pantalon. Bon, l'été, le soir, en vacances, pourquoi pas, encore que ce soit bien laid. Mais le restant de l'année, non, les hommes donnent l'impression d'avoir oublié d'enlever leur veste de pyjama ou bien, on y revient, de cacher un trou dans leur pantalon.

– Je t'approuve, Jean-Paul, dit Marie-Thérèse Guermillon. Gérard a essayé, il était ridicule.

– Ridicule ? Non, ça t'a surprise, répliqua Gérard. Tu as toujours eu l'esprit passéiste.

– Moi, passéiste ? Tu oublies que j'aime Picasso !

– Que vient faire Picasso dans cette histoire de chemise sur le pantalon ?

Deux énormes plateaux de fruits de mer à étages arrivèrent opportunément, suscitant l'admiration de la table.

Mathilde Blazic prit le relais de son mari et nous confia sa détestation des sacs à dos. Leurs propriétaires oublient qu'ils ont cette grosse bosse dans le dos et, en se tournant dans le métro, dans l'autobus ou dans le train, ils donnent des coups à leurs voisins. Si le goujat est très grand, c'est la tête qui prend. On en voit même qui, en biais, forcent le passage dans la foule, se servant de leur prothèse dorsale comme d'un bélier.

Nous nous associâmes tous à la protestation de Mathilde.

En revanche, la détestation des tatouages par Marie-Thérèse Guermillon ne fit pas l'unanimité, ne serait-ce que parce que Octo et moi en portons un sur un bras. Reposant son verre de pouilly-fuissé, elle précisa :

– Il y a des tatouages charmants, j'en conviens, parce que discrets. Par exemple, votre livre et votre coquille. Des femmes se font tatouer sur une épaule une rose, une ancre marine, un cœur ou un Mickey, là encore c'est discret, c'est frais, c'est joli. Ce que je n'aime pas du tout, ce sont les hommes avec des tatouages sur tout le corps, jusqu'au bout des bras, et avec des motifs qui dépassent du col de leur veste, c'est affreux. Comment s'appelle ce célèbre joueur de football anglais, beau mais horriblement tatoué… Il a joué à Paris et il est marié à…

– David Beckham, dit Jean-Paul Blazic, le seul d'entre nous à avoir une mémoire sûre et instantanée.

– C'est ça, Beckham. Et cet autre joueur de foot qui enlevait son maillot après chaque match pour faire admirer ses affreux tatouages ?

– Zlatan Ibrahimović, a répondu Bic de la Mirandole.

– Je crois qu'il jouait bien au football, mais son dos est d'un mauvais goût !

– Je ne suis pas d'accord avec toi, dis-je à Marie-Thérèse. Son dos est harmonieusement tatoué. Je ne me souviens plus des motifs, encore moins des symboles, mais il me faisait penser à une planche d'illustrations pour un grand album.

Coco Bel-Œil et, plus étonnant, Nona m'approuvèrent.

– Et vous, Nona, qu'est-ce que vous n'aimez pas ?

– Les bistrots. Les tables trop serrées. Trop de bruit. On ne s'entend pas parler. Ce n'est pas la faute des bistrots, je les aime bien, je les aimais bien, c'est ma faute. Comme beaucoup de personnes âgées, je ne supporte plus le vacarme. Et avec mon appareil auditif, c'est pire !

Eux aussi appareillés, les Blazic dirent qu'effectivement les bistrots n'étaient pas faits pour les malentendants. Nous convînmes tous que, désormais, nous préférions les restaurants avec des tables bien espacées, à l'ambiance feutrée.

– De toute façon, dit Coco Bel-Œil, ventre affamé n'a point d'oreilles.

Et, se tournant vers moi :

– Cette expression, je te l'ai enlevée ?

J'approuvai pour lui faire plaisir et l'invitai à répandre à son tour son humeur.

Après avoir rappelé qu'il était le plus jeune d'entre nous, Coco Bel-Œil dit que sa protestation est le résultat de son impatience encore juvénile. Il supporte de plus en plus mal le monde dans lequel nous vivons où tout doit être prévu, programmé, organisé. Impossible de prendre un train ou un avion sans avoir retenu sa place. Les départs impromptus sont découragés, voire interdits. Et comment visiter une exposition internationale sans avoir décidé, parfois deux ou trois mois à l'avance, du jour et de l'heure ? Impossible de se présenter au dernier moment dans un restaurant étoilé, à une excursion publique, à une visite groupée. Vous auriez dû retenir votre place par Internet. Tandis que le service retirait de la table des monceaux de coquilles, écailles, carapaces et autres téguments marins, chacun convint, en effet, que le monde moderne décourage le désir soudain, l'envie de dernière minute, l'exercice de la liberté.

Gérard Guermillon, le menuisier, dit qu'il est révolté, lors des manifestations de rue, par les saccages des devantures et du mobilier urbain. Pourquoi casser, défoncer, incendier ? Il avait participé autrefois à des défilés syndicaux qui n'étaient pas ponctués de violences. On sent au léger tremblement de sa voix que, chez lui, c'est plus l'artisan qui s'indigne que le citoyen. Pourquoi jeter à terre, briser le travail parfait réalisé par des ouvriers du bâtiment et de la voirie ? Il dit que cogner sur les flics lui paraît plus justifié que de saccager les rues. Les policiers peuvent se défendre ou attaquer, les devantures et les abribus ont l'innocence immobile, offerte à la violence.

– Tu oublies le bon côté de la chose, dit sa provocatrice épouse, cela donne du travail à des artisans, à des ouvriers.

– Les bons artisans et ouvriers aiment créer, moins réparer. Les infirmières soignent, réparent, recousent, rafistolent. Tu ne comprendras donc jamais rien à l'acte et au plaisir de créer de ses deux mains. Tiens, ce gâteau qui arrive, ce millefeuille géant, est l'œuvre d'un artisan pâtissier. Il est sûrement très fier de l'avoir fabriqué de ses mains.

Sur le millefeuille une bougie, que Mathilde Blazic a soufflée après un *Happy birthday to you* chanté en chœur. Coco Bel-Œil a photographié abondamment la scène.

Restait Octo, qui ne nous avait pas encore confié ce qui l'insupporte dans la vie moderne.

– Plus que des indignations ou des détestations, j'ai des contrariétés, dit-il en ramassant sur la nappe une grosse miette du millefeuille qui s'était échappée pendant le transfert d'une part dans son assiette. Je dirais même : de petites contrariétés, des agaceries. Par exemple, les caddies au marché. On les prend dans les jambes comme les sacs à dos dans la figure. Et puis je n'aime pas trop les gens qui s'abritent sous d'immenses parapluies. Ils prennent toute la place sur le trottoir, on est obligés d'incliner nos petits pépins pour qu'ils ne soient pas heurtés ou renversés.

– Le pire, dit Coco Bel-Œil, ce sont les casse-cou qui conduisent d'une main leur trottinette et de l'autre tiennent un parapluie ! Les piétons, aux abris !

– Qu'est-ce qui m'irrite encore ? reprit Octo. Ah, oui, les pharmacies qui deviennent des parfumeries ! Et qu'il n'y ait plus de cireurs de chaussures. C'est vrai qu'avec la mode des baskets, ils n'auraient pas beaucoup de clients.

– Ils n'en auraient rien à cirer, dis-je.

La table eut la gentillesse de rire.

– Et, enfin, ce que je trouve ridicule, ce sont les vieux magazines sur les tables des salles d'attente des hôpitaux et des cliniques, des médecins aussi, ça arrive. La dernière fois, j'ai pris un *M* où j'ai retrouvé les mots croisés commencés de ma main six mois plus tôt.

À la fin du repas, j'ai dit à mes amis que, lors d'un prochain déjeuner, nous exposerions ce qui, au contraire, nous ravit, nous enchante, chez les Français d'aujourd'hui ou dans la vie moderne.

L'autre lenteur

Il n'y a pas que le corps à avoir attrapé, au fil des décennies, un train de sénateur. L'esprit lui aussi a ralenti le rythme. Mais sa lenteur est plus subtile, moins spectaculaire que celle du corps. L'esprit est malin. Il donne le change, il camoufle, il a gardé assez de présence pour masquer ses défaillances par des astuces, des leurres qui font croire qu'il n'a jamais été aussi alerte. Il est tellement rusé qu'il trompe même son possesseur, lui faisant prendre des vessies pour des lanternes.

Ne serait-ce qu'à cause des défaillances de la mémoire, l'esprit est moins sûr de lui. Il hésite, il demande un peu de temps, il reprend depuis le début, il est prudent, il a du mal à conclure. Aux réponses spontanées de la jeunesse ont succédé les réponses réfléchies de l'âge mûr, puis les réponses différées de la vieillesse. Ce qu'on a perdu en vivacité, ne l'a-t-on pas gagné en sagesse ? Voilà une des ficelles de l'esprit. Elle consiste à nous vendre l'idée que la sagesse est proportionnelle au temps mis à se décider. Dans ce cas, les procrastinateurs seraient les sages des sages.

Le compliqué, en effet, c'est de choisir. Naguère, aucune alternative ne m'embarrassait longtemps. En quelques secondes, je pesais le pour et le contre, et hop ! je décidais. Maintenant, je louvoie, je tergiverse, j'hésite, je remets à plus tard ma décision. Quand j'y reviens, c'est avec le même embarras, comme si, n'ayant plus d'autre pouvoir que sur moi et Pommard, je voulais m'en démontrer l'importance, alors qu'il ne s'agit le plus souvent que de problèmes d'intendance.

Les neurones fichent le camp, explication biologique des défaillances de la tête. Mais cette fuite de nos cellules nerveuses, pour capitale et cruelle qu'elle soit, s'accompagne d'autres causes plus masquées, comme la fatigue. On pense, on réfléchit depuis bientôt un siècle, et il arrive qu'on en ait marre ! Le rituel engourdit. L'intellect patine. Comme les jambes, la tête devient lourde. On est moins pressé qu'avant de reprendre au vol une idée ou un mot.

Il y a aussi qu'on est moins fier que jadis de montrer qu'on a de l'esprit. Quand il y aurait encore de la gloriole à épater la galerie par des répliques savoureuses ou des commentaires brillants, on craint de ne plus être à la hauteur et de fournir la preuve aux interlocuteurs que la machine s'est grippée.

C'est dans des conversations avec Octo, les Blazic et Manon que j'ai pris conscience d'avoir perdu de mon esprit d'à-propos. Il faisait mouche avec mes écrivains, mes collaborateurs et ma femme. J'aimais bien la riposte instantanée, drôle ou brûlante, le trait qui jaillit. Or celui-ci a désormais du retard à l'allumage. Il reste sur son aire de lancement. L'esprit est à la seconde ou n'est pas. Dans ma tête, aucune réplique n'a surgi. Alors, je constate amèrement cette absence, ce vide, cette défaillance. Au lieu de jouir de l'effet d'un bon mot, je sombre dans une méditation masochiste sur les conséquences de l'âge.

Le plus cruel, c'est quand la riposte surgit longtemps après. Elle est magnifique. Oui, mais trop tard. Ce surgissement inutile des mots qui auraient touché juste s'appelle l'« esprit d'escalier ». Même lui devient difficile d'accès. J'ai l'impression que chaque année lui ajoute une marche. Il n'y a pas d'ascenseur pour les finesses de l'esprit.

Il est logique d'imaginer que les difficultés à écrire sont les mêmes qu'à parler. Eh bien non, et c'est une belle surprise de constater que la fuite des neurones impacte peu le travail de l'écrivain.

Le mérite en revient à la lenteur.

On n'est pas pressé, bousculé, comme dans une conversation. On a le temps de chercher un mot, d'en choisir un qui sera biffé au profit d'un autre. Si une phrase ne convient pas, elle est retirée au profit d'une autre phrase jugée meilleure, à tort ou à raison. Je n'écris pas un texte à remettre à une date précise. Serais-je un vrai écrivain que je subirais la pression du manuscrit promis à l'éditeur à une date convenue entre nous. (J'étais très agacé par les retards de remise de manuscrits.) Mais je suis un vieil amateur qui écrit deux livres en même temps et pour qui la lente avancée des mots, leur agencement patiemment concerté, échappe à tout calendrier.

« Puis-je cependant te rappeler, me dit mon moi jumeau,

que tu n'es plus tout jeune ? que tu es entré dans l'âge où la mort tombe assez fréquemment comme la foudre ? et que ce serait stupide de laisser deux manuscrits inachevés ? »

Je n'étais pas fataliste et le suis devenu. Encore un changement dû à la vie accumulée. S'il m'arrive malheur avant d'avoir fini mon travail, facultatif en quelque sorte, eh bien, tant pis ! La foudre ne me laissera pas une seconde pour le regretter. Manon et les JOP le déploreront pour moi.

Mais, la vieillesse n'ayant pas réussi à entamer mon optimisme de naissance, j'ai l'intime conviction que ma tête restera droite et suffisamment pleine pour mener mes deux livres à leur terme.

Je dois reconnaître que l'un s'écrit plus vite que l'autre.

Alors que les observations et les idées sur la vieillesse surgissent dans la bousculade, je peine à raconter mes souvenirs. Je dispose pourtant d'une documentation considérable : agendas, contrats, bilans, dossiers de presse, interviews, correspondance, notes, ouvrages, photographies, etc. Comme on sait, la vieille mémoire est bien meilleure que la plus récente. Wikipédia peut boucher les trous et venir au secours de l'ignorance ou de la confusion. Mais, curieux de nouveautés, porté vers l'inédit, je m'ennuie à renouer avec celui que j'ai été.

Au contraire, je suis excité par le vieil homme qui surveille sa carcasse, scrute son cœur, son cerveau, son âme, et interroge le temps situé non pas derrière lui, mais devant lui. Ce temps est obscur, de durée incertaine, périlleux, à la fin meurtrier, et cependant passionnant parce que, si la vie y coule plus lentement qu'autrefois, si celle-ci charrie moins de pépites, il resplendit de la lumière du soleil couchant.

Le vieux Marcel Jouhandeau a dit cela mieux que moi : « La chair est toujours là, palpitante, et le cœur sans merci » (*Réflexions sur la vieillesse et la mort*).

La santé (3)

Créateur d'acronymes et de sigles, Jean-Paul Blazic avait inventé, lors du cancer maintenant jugulé de son épouse Mathilde, les CI2A, premières lettres des quatre cavaliers les plus redoutés de nos apocalypses : Cancer, Infarctus, AVC, Alzheimer.

Nous vieillissons dans la hantise de croiser sur notre route l'une de ces terreurs, ce qui nous fait accepter avec philosophie des pathologies moins graves comme l'adénome prostatique et l'ulcère de l'estomac.

Mais nos problèmes de santé ne se limitent pas aux CI2A et à toutes sortes de maladies et d'infirmités qui nous affectent durablement. Il y a aussi ce que j'ai déjà appelé les « maux du second rayon », les petits accrocs, les petits ennuis, les petits pépins de tous les jours qui nous gâchent l'existence. Ils sont de passage. Ils sont souvent liés aux saisons. Ce sont des squatters intermittents. Ils irritent, ils lancinent, ils tourmentent. Ils font mal. S'ils n'existaient pas, vieillir serait moins chiant.

D'autres que moi écriraient que vieillir, c'est terrible, c'est effroyable, c'est abominable, c'est tragique. Je préfère « chiant » parce que c'est un adjectif vigoureux, de naissance populaire, qui ne fait pas triste et qui appelle un refus, une révolte.

Vieillir, c'est chiant, non pas à cause des coups durs qui abrégeront notre parcours – fatals, inévitables. Vieillir, c'est chiant à cause de tous les inconforts, les difficultés, les pépins physiques qui précèdent les coups durs. Si le bout du chemin qui mène au gouffre sentait la noisette plutôt que le camphre, vieillir serait un peu plus agréable.

J'ai fait le tour de mes amis pour leur demander quelles sont pour chacun les contrariétés physiques dont ils ont légitimement à se plaindre. Je les ai rassemblées avec les miennes et j'en ai dressé la liste. Elle n'est pas exhaustive, des personnes inconnues de moi souffrant probablement de bobos plus rares. Mais ce catalogue pèse déjà lourd :

• Démangeaisons soudaines du cuir chevelu, aux poignets, au ventre, aux fesses, sous les genoux, sur la plante des pieds. Se gratter en public est très gênant. Il faut bien. On se cache.

• Douleurs arthritiques dans les doigts et aux genoux. Elles sont imprévisibles, aussi variables dans leur retour et leur intensité que dans leur arrêt. Plus fréquentes cependant l'hiver que l'été. S'il fait chaud, on enrage encore plus.

• L'agitation convulsive et incontrôlable d'un muscle sous la peau.

• Crampes, surtout la nuit. L'alcool est accusé. Mais comment expliquer les crampes des buveurs d'eau ?

• Maux de dos. On se tasse, on se resserre, les chaises sont trop dures, les fauteuils trop mous, et après cent kilomètres, on commence à se tortiller sur le siège de la voiture pour trouver une position confortable. Allô, je suis bien chez le chiropracteur ?

• Consulter un podologue pour des cors, œils-de-perdrix et autres souffrances des pieds qui marchent depuis bientôt un siècle.

• Quand nous nous levons brusquement, la tête tourne, l'équilibre est rompu et il nous faut parfois nous rasseoir pour éviter la chute.

• Mieux vaut se pencher sur une question de philosophie que pour ramasser un objet par terre. Un malaise de la pensée est moins grave qu'un malaise de l'encéphale.

• Nous constatons que notre marche est moins linéaire qu'auparavant et, sans même en prendre conscience, nous nous rapprochons des murs et des rampes pour que nos pieds soient plus assurés dans le tracé virtuel d'une ligne droite.

• Eh bien oui, la rampe qui monte ou qui descend, il faut bien la saisir, avec une certaine désinvolture pour montrer qu'on pourrait la négliger, mais que, puisqu'elle s'offre à nos mains, on l'utilise.

• Ne pas monter trop vite les escaliers pour ne pas arriver en haut essoufflé. Ne pas les descendre trop vite ou trop lourdement pour ménager les cartilages des genoux.

• Avec ses chutes brutales et ses montées soudaines, la tension est le yoyo des vétérans.

– Bon, allez, ça suffit ! J'arrête cette effrayante litanie.

– Ah, non, je savoure le plaisir masochiste de n'oublier aucun de nos inconforts ! Continue…

• Digestions difficiles. Ballonnements, flatulences. Il faut surveiller son alimentation. Nostalgie du bon temps des excès.

• Avant de sombrer dans les siestes postprandiales, on se rappelle la pétulance des siestes canailles.

• Crises de bâillements qu'il est difficile de maîtriser en public, lequel croit à de l'ennui ou à un déficit de sommeil, alors qu'il s'agit de gastro-communication.

• Voix de rogomme le matin due, la nuit, à la remontée des sucs gastriques jusqu'aux cordes vocales. « J'ai un chat dans la gorge », dit l'intéressé, moi en l'occurrence.

• Toux grasseyante et crépusculaire du vieux fumeur de clopes. Dans notre club, Gérard Guermillon. Je n'enfreins aucun secret médical. On ne l'entend que trop.

• Le chantier des dents fait de la bouche une tranchée fréquemment rouverte aux travaux du dentiste, comme une rue de Paris jamais refermée par les ouvriers de la voirie.

• La surdité. Appareillés ou pas, nous faisons répéter et nous répétons. Ce n'est pas que les vieux couples ne s'entendent plus, ils ne s'entendent pas. Les réunions de personnes âgées sont d'amusantes illustrations du psittacisme.

• Les insomnies. Ingouvernables parce que imprévisibles. Tantôt au coucher, tantôt au milieu de la nuit, plus ou moins longues, certaines à fleur de sommeil, dans l'entre-deux, agaçantes ; d'autres, les yeux grands ouverts, dans le dur, terribles. Nona nous a conseillé, avant de nous mettre au lit, de boire des tisanes de camomille, de tilleul ou de valériane. Le recours aux somnifères et anxiolytiques est plus efficace. Nous échangeons nos marques et posologies comme nous échangeons des noms de restaurants et de plats.

• Les pipis nocturnes sont des briseurs de rêves. Fréquents chez Octo, le prostateur, ils dépendent des caprices des sphincters. C'est comme au temps des bombardements : il y a des nuits calmes, d'autres rompues par plusieurs alertes.

• Les apnées. On peut en mourir. Elles font peur et elles font envie. Partir dans son sommeil par manque d'air n'est pas glorieux mais confortable. En attendant, elles ne concourent pas aux bonnes nuits, empêchant le corps de se laisser aller, de s'abandonner à la paresse du lit. J'ai entendu Marie-Thérèse dire à son mari : « C'est toi qui fumes et c'est moi qui respire la nuit dans un masque ! C'est injuste ! »

• L'opération de la cataracte est un marqueur de la vieillesse. Les paroles rassurantes de nos connaissances qui ont dû se résoudre à livrer leurs cristallins au laser ne parviennent pas à juguler les angoisses liées à la fragilité des yeux.

• Enfin, le souci quotidien des prises de médicaments aux heures prescrites par les médecins. Combien de cachets, gélules, comprimés ou suppositoires par jour ? Cela va de trois pour Coco Bel-Œil à onze pour Mathilde Blazic, qui consomme beaucoup de pilules nutritionnelles.

Tous ces inconforts de l'âge ne nous privent cependant pas, bien évidemment, de l'accès aux pathologies de tout le monde : rhumes, angines, grippes, otites, migraines, infections pulmonaires, intestinales, urinaires, etc.

Quoiqu'il y ait aussi des cumulards dans l'infortune, personne ne peut se targuer de rassembler dans son pauvre corps tous ces tracas de santé. Quand ils sont nombreux, ils gâchent l'existence sans pour autant susciter la compassion et la curiosité provoquées par les quatre terreurs des CI2A.

À force, même, on s'habitue à leur compagnie. On peste, on enrage, mais il faut bien faire avec. On se résigne à penser que c'est le prix à payer pour continuer de profiter des principaux avantages de la vie. C'est si vrai qu'on apprécie beaucoup plus des actes élémentaires comme manger, boire, marcher, voyager, lire, regarder la télévision, aller au spectacle, etc., qui nous paraissaient tellement naturels, il n'y a pas si longtemps, que nous ne leur accordions que l'attention requise pour leur bon déroulement. Maintenant, on s'en vanterait presque ! Ne serait-ce que parce que des personnes du même âge que le nôtre en sont privées ou y accèdent avec des difficultés parfois inouïes. Il faudra que j'évoque la mauvaise conscience de ceux qui, par comparaison, se portent bien. Enfin, pas trop mal.

Hors catégorie est l'homme (ou la femme) dont le corps fait honneur à la recherche médicale : le vieux collectionneur de prothèses. À celles, classiques, des oreilles, des yeux et de la denture s'ajoutent les stents des artères encombrées par les dépôts de la vie gourmande, le stimulateur cardiaque qui fait plus scientifique sous le nom de pacemaker, enfin le polyéthylène et le titane introduits dans les hanches et les genoux défaillants.

À sa mort, l'homme prothésé doit rester entier. Ne pas lui retirer ses lunettes ni ses aides auditives. On ne sait jamais.

Les vieilles mains calleuses

À mon appel, Gérard Guermillon est venu chez moi réparer une petite fuite d'eau dans la salle de bains et changer une pièce sur mon vieux grille-pain. On le sent heureux de rendre service et fier de montrer ses capacités d'intervention dans tous les corps de métier.

Puis il est entré au salon où, après m'en avoir demandé l'autorisation, il a allumé une cigarette. Pendant que je servais le café, il est allé vers les bibliothèques, ses belles bibliothèques, qu'il a contemplées avec tendresse. Il a passé ses mains sur le bois, et son geste était à la fois celui d'un père qui retrouve son enfant et d'un artiste qui flatte son œuvre.

Je lui ai dit que la plupart des livres que j'ai édités ont une vie beaucoup moins longue que ses bibliothèques. Les plus nombreux continuent leur vie, oubliés, déclassés, sur des rayonnages où aucune main ne les saisit jamais, sinon celle d'une femme de ménage avec un plumeau ou un torchon. Seuls quelques-uns, dans mon édition ou en livre de poche, restent à portée de main dans les bibliothèques publiques ou privées quand celles-ci appartiennent à de grands lecteurs.

Gérard ne lit pas de livres. Il ne s'en est jamais caché. Il apprécie l'objet, il en aime les formes, les couleurs, la typographie, les odeurs, mais il n'éprouve pas de curiosité pour ce qu'ils contiennent. Les prendre dans ses mains est pour lui un plaisir uniquement sensuel. Mais ce qu'il préfère par-dessus tout, c'est les ranger sur ses rayonnages, geste qu'il a renouvelé plusieurs fois dans différents endroits de mes trois bibliothèques murales. Il avait l'air de prendre de leurs nouvelles : « Vous allez bien ? Vous êtes toujours contentes d'être chez un éditeur retraité ? C'est mon ami, mais si quelque chose ne va pas, dites-le-moi... »

Gérard est fier de ses bibliothèques, hautes avec échelle coulissante sur une barre de laiton, boiseries et colonnes rainurées, planches aux faces ouvragées façon ébénisterie. Il en est fier comme un écrivain de ses livres. Ce sont deux artisans qui se complètent, l'un logeant des mots sur du papier, l'autre ce papier dans du bois.

– Tu fumes toujours autant ?

– Oui, et ça fait plus de soixante ans ! m'a répondu Gérard en allumant une autre cigarette. Le cancer m'a oublié.

– J'en suis content pour toi. Tu as souvent essayé de t'arrêter de fumer ?

– Oui, plusieurs fois par jour !

Il a ri de cette vieille plaisanterie en rejetant un long nuage de fumée par le nez.

– Tu n'as jamais eu peur ?

– Si, tout le temps, surtout quand deux de mes ouvriers,

qui fumaient autant que moi, sont morts des poumons. Maintenant, je n'ai plus peur, j'ai passé l'âge…

– Tu n'as jamais essayé vraiment, réellement, courageusement, de t'arrêter ?

– Si, mais je me suis aperçu que c'était impossible. C'est comme une mèche enfoncée dans du bois épais. Tu ne peux pas la retirer d'un seul coup ! Trop dur, trop profond.

– Question que je brûle de te poser depuis si longtemps, et tu n'y répondras pas si tu la juges indiscrète : Marie-Thérèse ne fumant pas, et étant en plus infirmière, comment as-tu réussi à lui imposer ta cigarette ?

Gérard ouvrit les mains en signe d'acquiescement à la question.

– Tu n'es pas sans avoir remarqué l'esprit batailleur de Marie-Thérèse, ses piques, et parfois même ses méchancetés contre moi. Eh bien, c'est donnant-donnant : mes cigarettes contre sa mauvaise humeur. Elle me laisse fumer, je la laisse fulminer.

– Tu plaisantes ?

– Mais non ! C'est un bon accord. Un jour, elle l'a résumé ainsi : « Ta mauvaise haleine contre ma mauvaise humeur. » Alors, bien sûr, avec les années, ma fumée est devenue la sienne et sa mauvaise humeur est devenue la mienne. Nous avons tort, je te le concède, de nous chamailler en public, mais c'est comme une habitude, c'est plus fort que nous.

– Parfois, c'est vrai, nous sommes un peu gênés…

– Il ne faut pas. C'est un rituel sans conséquence.

– Un rituel amoureux ?

– C'est exagéré, mais il y a de ça. Je te rassure : nous formons un couple solide, assez spécial, deux vieux accrochés à leurs manies, à leurs mauvaises manières, mais nous nous disons souvent que nous sommes plus intéressants que les vieux couples silencieux qui s'emmerdent dans la paix et la sérénité.

Déjà, j'avais hâte de rapporter à Octo cette conversation avec Gérard qui lui confirmera que nous avions raison de penser que les Guermillon étaient un couple uni par leurs rivalités dans la jactance. Et que les exclure des JOP pour leur agaçant comportement en public aurait été injuste. Sans compter que, privés de leur secours, nous nous serions nous-mêmes punis.

Après une de ses habituelles crises de toux de vieux fumeur – « Excuse-moi, c'est rien, ça va passer » –, Gérard m'a raconté que, dans l'atelier qu'il a gardé pour son plaisir, rue du Bouloi, il a accroché à un mur une immense carte de Paris et de sa proche banlieue. Sur cette carte, marquées de pastilles colorées, les adresses où se situent les vingt et une bibliothèques sorties de ses mains dont il est le plus fier. Toutes des constructions ouvragées en chêne, en châtaignier ou en acacia. Chez Catherine Deneuve, donc, chez Me Tolédano, Fabrice Luchini, Nicole Lattès, Philippe Alexandre et d'autres personnes plus ou moins connues qui pourraient préférer que la commande à Gérard Guermillon d'une bibliothèque sur mesure reste secrète.

J'estime que Gérard a raison de se comporter comme un sculpteur qui a gardé le nom et l'adresse des personnes ou des collectivités auxquelles il a vendu ses principales œuvres. Quoique à sens unique, il maintient avec ses bibliothèques un réseau de pensées. S'il le peut, il leur rend visite. Surtout, il s'inquiète de ce qu'elles vont devenir si le propriétaire déménage – l'emportera-t-il ? – ou décède – quid de l'héritage ? Ce qu'il redoute, c'est le nouvel occupant qui n'a pas de livres à loger et qui mutile ou casse tout. Averti à temps, il a ainsi sauvé une de ses bibliothèques de la destruction. Il l'a rachetée, démontée, transportée et, une fois revendue, réimplantée dans un nouveau bureau-salon au prix de quelques ajustements.

J'ai promis à Gérard que je passerais admirer sa carte aux trésors dans son atelier. J'aime chez cet octogénaire aux mains calleuses, au rude langage matrimonial, son tendre attachement à ses œuvres.

Retour d'obsèques

J'ai dit à Octo que si nous voulions avoir un peu de monde à nos obsèques, il ne faudrait pas mourir trop vieux. Les amis et connaissances dont nous accompagnons le départ nous manqueront pour accompagner le nôtre. Plus nous effaçons de noms sur nos carnets d'adresses électroniques, plus nous dépeuplons nos funérailles.

Il y a heureusement des exceptions, comme mon vieux copain Jean-Paul Caracalla qui, à quatre-vingt-dix-sept ans, a rempli l'église Saint-François-de-Sales. Il avait continué jusqu'au bout d'avoir une présence dans une maison d'édition, dans des jurys littéraires, et de cultiver l'amitié pour laquelle il avait un don.

Mais, le plus souvent, faute de collègues déjà partis, les très anciens combattants s'en vont bien seuls, surtout si, taciturnes ou épuisés, ils vieillissaient dans la solitude.

Je reviens de l'enterrement de René D., qui avait depuis longtemps rompu les amarres. Nous n'étions pas plus de deux dizaines de fidèles à nous recueillir et nous congratuler autour de son cercueil. Mort quinze ans auparavant, il aurait rassemblé dix fois plus d'éditeurs, d'écrivains, de libraires et de journalistes. Il s'était employé à se faire oublier. Ce fut sa dernière réussite.

Les obsèques sont de précieuses occasions de rencontrer des personnes que la vie a écartées de notre route. C'est particulièrement vrai de la disparition des membres d'une famille plus ou moins éloignés par le sang ou la géographie. Ainsi la parentèle est-elle de nouveau rassemblée, louant le défunt d'avoir réalisé ce miracle et regrettant cependant que ce soit dans de tristes circonstances. Hélas, le temps des mariages est révolu. On se réunit maintenant au cimetière.

Lors des obsèques d'amis, de confrères, de connaissances, il est fréquent d'entendre des « Je suis content de vous revoir », « Moi, ça va. Et vous ? », « Je vous appelle. Sans faute… ». Chacun se félicite de n'être pas la vedette du jour. Il y a même, au-delà du chagrin, une sorte de bonheur collectif à être rassemblés pour un ultime adieu au mort. Chacun évoque ses qualités, loue ses succès, raconte un dernier entretien téléphonique. De cet hommage sincère, pas toujours mérité, naissent dans l'église, la synagogue, le crématorium ou un bout de cimetière une exaltante impression d'unité dans les bons sentiments et la conviction, très rare, que les humains sont des gens bien.

Chacun pense que, lorsque ce sera son tour, lui aussi bénéficiera de cet éloge unanime. Et peut-être, inconsciemment, en rajoute-t-il, comme s'il espérait plus tard que pour lui non plus on ne mégotera pas sur les compliments posthumes.

Tout cela est important, vraiment ? On se soucie autant de l'image qu'on laisse de soi ?

Oui et non. Non et oui.

Non parce que, mort, débranché, on ne voit plus rien, on n'entend plus rien, et on se fout de ce qui se passe ce jour-là, même si on en est le centre. Octo et moi sommes d'accord pour croire à une coupure radicale, le dernier souffle exhalé. Après nous le déluge, et il commence tout de suite. Que les vivants – survivants provisoires – se débrouillent. Libre à eux de s'épancher sur celui qui vient de les quitter, de le critiquer ou de le glorifier, lui s'en tape entre ses quatre planches.

Mais après avoir déclaré *urbi et orbi* que nous étions indifférents à notre héritage, Octo a dit soudain :

– Quand même, ce serait sympa qu'on dise de toi que tu as été un bon éditeur et de moi un bon notaire.

– On le dira, forcément, puisque n'assistent aux obsèques que des parents et amis. Le panégyrique est certain.

– Guillaume, je vais te faire un aveu dont tu vas te moquer, j'en suis sûr : qu'on dise de moi que j'ai été un bon fils, un bon mari, un bon père, un bon amant, un bon voisin, un bon copain, un bon citoyen, je m'en fiche. La seule chose qui me tient à cœur, c'est qu'on dise que j'ai été un bon notaire. J'ai toujours été fier de mes qualités professionnelles. Alors, si, autour de mon cercueil, il y a quelques personnes qui s'en souviennent et qui en parlent avec chaleur, ma foi, par avance, j'en serais flatté, ravi.

– Je te promets que j'insisterai là-dessus, dis-je avec un faux sérieux.

– Et moi je te promets que, si je te survis, comme il est probable, je retracerai avec des superlatifs ta carrière d'éditeur.

– Tu n'auras pas à te donner cette peine, ai-je répliqué avec un peu de hauteur amusée, des écrivains, mes écrivains, s'en chargeront. Alors que toi, Octo, tu risques de manquer de vedettes. La gratitude de la clientèle, n'y compte pas trop. Mais ne t'en fais pas, mon vieux camarade, je serai là !

Le rire a clôturé notre échange.

Mais c'était un rire hypocrite. Étant l'un pour l'autre l'ami le plus proche, nous redoutons le jour où l'un des deux laissera l'autre se débrouiller seul. Chaque fois que je reviens d'un enterrement, je pense à l'inéluctable désastre. Je me pose cette question comme Octo, c'est probable, se la pose aussi : partir le premier pour laisser à l'autre la patate glacée ou gagner la course d'endurance pour continuer d'avancer, vacillant de chagrin ?

À y bien réfléchir, tout bien pesé, je dois avouer que, si je devais choisir, je préférerais quand même, le cœur en berne, poursuivre.

Ah, la vie, bon Dieu, j'y tiens ! J'y tiendrai jusqu'au bout. Quitte à mourir seul.

Les « plus » de la vie

La journée a bien commencé avec un appel inattendu de Marie-Thérèse Guermillon. Elle et son mari ont décidé de ne plus se quereller en notre présence. Ils ont conscience que s'y tenir sera difficile, mais ils ont conclu un accord qui les engage l'un et l'autre devant nous.

– Vous avez dû beaucoup vous engueuler avant de prendre cette bonne décision ? ai-je demandé.

– Eh bien non, ç'a été spontané, on en avait envie l'un et l'autre, on en avait marre d'être ridicules devant vous…

– Bravo et merci ! Veux-tu que je me charge d'en avertir les JOP ou veux-tu le faire toi-même ?

– Non, c'est moi.

– Toi et Gérard ?

– Non, moi. On s'est frités dur, très dur, pour savoir qui t'annoncerait la nouvelle. Et comme il n'y avait aucune raison que ce soit plus l'un que l'autre, on a tiré au sort. J'ai gagné ! J'ai gagné le droit de le téléphoner à tous nos amis. Mais comme j'ai actuellement de la grandeur d'âme, je laisserai Gérard passer un ou deux coups de fil…

– Merci pour lui.

Nous nous sommes tous retrouvés, le soir même, dans un salon de La Méditerranée, place de l'Odéon, pour fêter l'anniversaire de Coco Bel-Œil. L'accord de paix des Guermillon, exclusivement en notre présence, ajoutait un rien de gaieté au plaisir d'être de nouveau réunis.

Ainsi que je l'avais promis à la fin de notre précédent dîner, j'ai proposé aux JOP de distinguer dans le fatras du monde contemporain ce qui nous séduit et nous enchante. Faire l'éloge du truc, du petit quelque chose choisi dans les comportements des Français et les offres de la modernité.

– Nona, à vous l'honneur !

– Ce que j'aime, dit-elle après quelques instants de réflexion, c'est la manière dont les femmes s'habillent aujourd'hui. Parce qu'il n'y a pas une mode, comme autrefois, mais des modes, beaucoup de modes, il suffit de choisir. Et quand la tenue d'une femme paraît bizarre ou démodée, on se dit que c'est une nouvelle mode ! C'est amusant. Dans ma jeunesse, et même plus tard, je craignais le regard des autres et donc je m'habillais comme les autres. Stupide ! Maintenant les femmes ont la liberté de suivre les modes ou de ne pas les suivre, le choix des vêtements est tellement immense qu'elles peuvent changer de style d'un jour à l'autre. Merveilleux ! Je suis au regret de vous dire, messieurs, que vous êtes plus conventionnels que nous, vous portez toujours un peu la même chose...

– D'accord avec vous, Nona, dit Mathilde Blazic. Et puisqu'on est dans l'habillement, j'ai choisi de me féliciter – de nous féliciter, tous ensemble je l'espère – de l'abandon des fourrures par les jeunes femmes d'aujourd'hui. Elles ne veulent plus s'emmitoufler dans les peaux d'animaux morts, parfois écorchés vivants. C'est un formidable progrès par rapport aux femmes de notre génération qui mettaient du renard, de la loutre, du vison, sans réfléchir. Moi, j'ai porté autrefois une veste en castor et j'en ai honte. Il coulera encore beaucoup d'eau dans la Seine avant que les peausseries et les magasins de fourrure ferment faute de clientes, mais les femmes sont sur la bonne voie, j'en suis sûre.

– Mathilde, je vous ai écoutée avec ferveur, dit Nona. Je me reproche de ne pas avoir pensé à ces malheureux animaux à fourrure. Merci de l'avoir fait.

Marie-Thérèse Guermillon, qui portait, il n'y a pas si longtemps, une étole en renard, n'a pipé mot, les yeux sur son tartare de saumon.

Octo dit qu'il apprécie sur son smartphone les alertes de la presse. Ainsi est-il sans tarder au courant des nouvelles du monde. Je l'ai évidemment approuvé, sensible moi aussi à ces messages inopinés précédés d'un indicatif musical. Demandant l'autorisation d'un second choix, qui lui fut accordé, il fit l'éloge des nouveaux kiosques à journaux, plus vastes, plus rationnels, où les magazines sont mieux exposés. À l'abri de la pluie, il peut prendre le temps de les feuilleter. Il regrette l'espace accordé dans les kiosques des quartiers touristiques aux gadgets, brimborions et souvenirs parisiens, mais il est conscient que, pour les kiosquiers que la vente des journaux n'enrichit guère, ces produits apportent une rallonge financière. Octo a ensuite déploré de ne plus croiser dans son kiosque habituel des personnes de moins de quarante ans, les jeunes ne lisant plus quotidiens et hebdos. Jean-Paul Blazic a avancé qu'ils les lisent peut-être sur leurs smartphones ou leurs ordinateurs.

Dans les restaurants, les vins servis au verre ne sont pas une nouveauté. Mais Gérard nous a expliqué qu'il a longtemps regretté d'abandonner des bouteilles encore au tiers pleines et que la carte des blancs, rouges et rosés servis au verre constitue à ses yeux « un plus » (il emploie souvent le mot plus à la place de progrès, d'avantage) dont il s'étonne qu'il n'ait pas accompagné les débuts de la restauration.

Tandis qu'il parlait, nous jetions furtivement des regards à Marie-Thérèse. Les lèvres serrées, les yeux maintenant sur une sole meunière, elle se contenait avec un admirable stoïcisme.

Il en fut de même pour Gérard quand sa femme prit le relais pour nous expliquer que l'obligation pour les taxis de signifier par une éclatante lumière verte qu'ils sont libres et par une lumière rouge de même intensité qu'ils ne le sont pas est « un vrai plus » (les Guermillon sont décidément un couple plus). Il est vrai que les Parisiens se sont longtemps demandé pourquoi leurs taxis, au contraire de leurs homologues londoniens ou new-yorkais, n'affichaient pas ou mal leur disponibilité.

Ensuite, le choix de Jean-Paul Blazic a déclenché une polémique qui a duré jusqu'au dessert. Il s'est réjoui que, grâce à Internet, sa femme et lui ne perdent plus leur temps à faire les boutiques, passant commande même des produits alimentaires. Il a été approuvé par Coco Bel-Œil. En revanche, Octo, les Guermillon, Nona et moi avons déploré ce repli sur soi-même, ce refus du dialogue, de la convivialité, ce mépris des commerçants de proximité. Internet contribue à la fermeture des magasins et, si nous n'y prenons garde, avons-nous plaidé, certaines rues de Paris ressembleront demain aux rues désertes des petites villes de province.

Jean-Paul nous a répondu qu'il n'a plus l'âge de perdre son temps à faire la conversation aux commerçants et que la réception à domicile des marchandises commandées par Internet est, pour Mathilde et lui, un réel plaisir. Cela vaut bien quelques pièces aux livreurs. S'il vivait dans une petite ville de province, oui, peut-être y réfléchirait-il à deux fois, les boutiques fermées sont tristes, mais à Paris !

– Jean-Paul oublie de vous dire, reprit Mathilde, qu'il y a un produit que nous ne commandons jamais sur Internet, ce sont les livres ! Nous allons les acheter chez les libraires.

– C'est par solidarité professionnelle ? demanda Nona.

– Oui, répondit Jean-Paul. Et puis, la conversation avec les libraires est quand même plus intéressante qu'avec les bouchers ou les caissières des supermarchés !

– De l'intello pur jus ! dit Octo en ricanant.

– Aller chez les commerçants, dis-je, c'est pourtant « simple comme bonjour ».

Les deux derniers choix étaient sans danger. Coco Bel-Œil vanta le GPS sur le téléphone portable. Où qu'il aille, à Paris ou ailleurs, le piéton sait où il est et détermine son chemin sans le demander à personne.

Quant à moi, j'ai élu WhatsApp, qui me permet chaque jour de converser, images à l'appui, avec mon fils en Nouvelle-Zélande. C'est miraculeux, c'est pratique et c'est gratuit.

Nona m'a demandé de lui installer WhatsApp sur son smartphone.

Panique sur le sixième continent

L'informatique s'est installée dans nos vies sur le tard. Comme une bourrasque un soir d'été apportée lentement par un vent insoupçonnable. De grosses boîtes appelées *computers* arrivaient d'Amérique. On les a francisées du nom d' « ordinateurs ». Je n'imaginais pas qu'ils allaient révolutionner la vie sur la planète. Et modifier d'abord la gestion et la communication de ma maison d'édition durant ses dix dernières années, ensuite ma petite existence de retraité et d'écrivain surnuméraire.

N'exagérons rien. Mon ordinateur n'est pour moi qu'une machine à écrire très améliorée qui recueille mes textes, reçoit et diffuse ma correspondance, et m'a connecté à toutes sortes d'administrations, d'organismes et de comités qui me pompent plus d'argent qu'ils ne m'en versent. C'est commode, j'en conviens, et je suis baba devant la rapidité, pour ne pas dire la simultanéité des échanges. À quoi j'ajoute l'illusion de paraître omniscient grâce à Google.

Les premières années, je jugeais inconvenant d'envoyer des condoléances par e-mail (j'ai ensuite adopté le mot français

« courriel »). Une lettre en bonne et due forme était plus correcte. Puis, j'ai à mon tour cédé à la facilité et expédié mon chagrin par un courriel vite fait bien fait. Passerai-je, un jour, au texto comme certains, sans vergogne, le font déjà ? L'électronique a saccagé les règles de politesse. L'une des conséquences est de donner à la lettre d'amour, de félicitations, de condoléances ou de château un lustre qu'elle doit non à son contenu, mais à sa rareté.

Sur l'évolution de la communication entre les êtres, Octo m'a raconté l'histoire du fils d'un de ses anciens clients. Il a écrit une longue et splendide lettre d'amour à la jeune femme dont il était épris. C'est dans un courriel, ensuite, qu'il l'a demandée en mariage. Enfin, il a rompu par un texto.

Très rares sont les vieux qui savent se diriger dans le maquis des logiciels, des pixels, des octets, de Bluetooth, des algorithmes, des cookies. Comme moi ils s'en servent sans y rien comprendre. Il y a une incapacité de notre encéphale à entrer dans une machinerie aussi étrange que le moteur à explosion pour la tribu amérindienne des Bororos.

L'informatique est le sixième continent de la planète. Les nouvelles générations en sont les habitants naturels. Elles s'y sentent à l'aise, se jouent de toutes ses complexités et en utilisent toutes les possibilités, alors que nous, septu, octo et nonagénaires, en sommes les immigrés, les sans-papiers ni compétences, et campons à la périphérie du cyberespace.

Non seulement tout est d'accès compliqué, mais l'informatique nous traite de haut en exigeant de nous des mots de passe. Ils sont refusés alors qu'on les croyait bons. « Si vous avez oublié votre mot de passe... » est une formule humiliante qui me jette dans des acrobaties techniques au terme desquelles, excédé, honteux, vexé, n'étant arrivé à rien, je ferme avec rage mon ordi.

Pour l'ouvrir, j'avais choisi le mot Renaudot, seul grand prix littéraire de fin d'année obtenu par les Éditions de Montenotte. J'aurais préféré Goncourt, même nombre de lettres, mais de meilleur rapport. Autres options : Pommard 7 pour ma messagerie, héliotrope pour Apple, affiquet, best-seller et coquelicot comme « identifiants » pour je ne sais quels comptes et installations. Quand il m'était demandé un mot de passe, ne sachant quel était le bon, je les faisais tous, plusieurs fois, avec ou sans majuscule. L'enfer !

Convoqué à grands frais, un technicien de Darty s'est chargé d'unifier tous mes mots de passe. Au moins huit lettres, une majuscule et un chiffre. J'ai choisi Coquelicot 7.

Eh bien, ça ne marche pas toujours. J'ai refait une fois Pommard 7 et, surprise, mon ordinateur l'a accepté. Par nostalgie ? Par amour des chats ou du vin de Bourgogne ?

Pour le laboratoire qui m'envoie par Internet les résultats de mes analyses de sang et d'urine, Coquelicot 7 ne suffisait pas. J'ai dû ajouter un signe de ponctuation. J'ai opté pour le point-virgule délaissé par les jeunes écrivains. C'est en tapant Coquelicot 7 ; que je peux maintenant accéder à ma numération globulaire, à mon PSA et à mon taux de triglycérides. J'ai l'excitante sensation que ma chimie interne relève des secrets d'État ou du contre-espionnage.

Parfois, tout se détraque. Mes messages ne partent plus.

L'imprimante n'imprime plus. Ou l'accès à Google est devenu impossible. Ou encore un commandement issu des entrailles de l'appareil et auquel je n'entends rien s'affiche inlassablement et m'empêche d'avancer (« surfer » serait aussi prétentieux que mensonger). Et quand ce n'est pas l'ordinateur qui tombe en panne, ce sont l'iPad, le smartphone ou le téléviseur. Ils buggent. Le bug est un AVC des appareils électroniques. Il est moins grave que chez l'homme. Mais, trop fréquent, trop perturbant, il peut provoquer un AVC chez le vieil homme fragile.

Pour les nuls de l'informatique, un seul recours contre le bug : fermer l'appareil, le débrancher, le plonger dans un coma profond. Puis, quelques minutes plus tard, le rebrancher à la vie. Quand l'opération est couronnée de succès, j'ai l'impression d'être un sorcier qui a triomphé des diableries d'un rival.

Si l'ordinateur ou le smartphone poursuit son refus de collaborer, j'ai deux solutions.

Soit appeler Nona pour qu'elle intervienne par la prière auprès de saint Éloi, patron des orfèvres et des horlogers, mais a-t-il étendu ses connaissances et son influence jusque dans l'électronique ? J'en doute.

Soit appeler les Blazic pour qu'ils m'envoient leur dernier petit-fils, Édouard, douze ans, un petit génie de l'informatique comme il y en a tant. En deux ou trois minutes, sans hésitation, avec une impressionnante agilité de l'esprit et des doigts, il remet l'appareil dans le droit chemin. Plus il est rapide, plus il fait honte à mon ignorance. J'ai d'autant plus mauvaise conscience de l'avoir dérangé que son intervention a été brève. Je n'entends évidemment goutte aux explications techniques qu'il m'inflige par gentillesse et que je reçois comme une punition.

Je ne récompense pas Édouard avec des bonbons. Ils ne seraient pas en synchronie avec sa maturité technique. Je lui donne de l'argent. Il aura d'autres occasions d'en gagner.

Les délestages

Souvent, je ressens physiquement dans ma tête comme un trop-plein. On n'y peut faire entrer qu'à condition d'en sortir autant. « J'en ai ras le bol » est une expression qui ne dénote chez moi aucune exaspération, elle indique que le mug est rempli jusqu'à ras bord.

Cette impression est absurde. Le cerveau n'est pas un récipient qu'on remplit de connaissances et de souvenirs et qui, à partir d'un âge variable, déborde. On n'en a jamais vu un exploser, projetant des noms, des mots, des chiffres, des images en couleur dans un feu d'artifice surréaliste. On peut entasser sans crainte, et c'est ce que l'on fait toute la vie dans un va-et-vient incessant de questions et de réponses avec le monde.

Mais, sur le tard, l'ingénieux mécanisme se détraque. Il est évident que nous emmagasinons moins de connaissances qu'auparavant. La curiosité est moins ardente, l'envie d'apprendre, le plaisir de se cultiver ne sont plus aussi vifs. Au contraire des sorties, les entrées sont moins nombreuses. Combien de souvenirs et d'informations se font chaque jour la malle ? Les échanges ne sont plus comme autrefois à l'avantage des actifs. Si, entre mes vingt et mes cinquante ans, il s'était établi un équilibre entre ce que retenait mon cerveau et ce qu'il laissait échapper, il est maintenant rompu. Ma tête est en déficit. Elle vit beaucoup sur l'acquis.

Pourtant, elle pèse lourd. Au lieu de me donner logiquement une impression de légèreté, elle me paraît compacte, massive, plutôt moins migraineuse qu'au temps des soucis professionnels, mais me communiquant, surtout le soir, une sensation de trop-plein. Comment expliquer cette tromperie ? Octo ne s'en plaint pas, ne l'ayant pas observée chez lui. Son attention, il est vrai, est concentrée plus bas.

J'ai été un attrape-tout, ouvert à toutes les actualités. Un éditeur ne vit pas que de littérature. Il est aussi une sorte de journaliste à long terme qui a l'idée de livres à commander à des spécialistes, quand leur domaine tombe sous le feu des projecteurs, en particulier lors des anniversaires. Ces ouvrages donnent de l'éclectisme, du relief à un catalogue, même s'ils ont le plus souvent une espérance de vie courte. Je me rappelle avoir publié des essais sur le mur de Berlin, le cinéma de Jean-Pierre Melville, l'archéologie sous-marine, l'histoire de Broadway, l'accord mets-vins, la musique russe... Ce dernier livre était un cadeau pour ma femme qui adorait Rachmaninov et Tchaïkovski.

En ce temps-là, ma tête imprimait vite. Les informations se bousculaient. Elles étaient rapidement évaluées, triées, classées, hiérarchisées. Je ressentais une euphorie culturelle à me laisser envahir par toutes sortes de nouvelles, souvent anodines, fugaces, mélangées à d'autres plus importantes. Je n'ai jamais éprouvé ni le sentiment que c'était trop, trop vite, ni le désagrément de devoir supporter ce bombardement. J'avais au contraire la stimulante impression de prendre le monde à bras-le-corps, de frotter mon cerveau à sa gigantesque machine encéphalique et d'en recueillir quelques aperçus nouveaux.

Ce foisonnement, cette profusion ne sont plus. Est-ce parce que j'imprime moins vite ? Ou bien ma curiosité, n'étant plus aussi vive et étendue, propose-t-elle à ma tête une nourriture moins abondante, moins riche ? Bref, on ne se bouscule plus au portillon, même s'il joue les encombrés.

Je lis aussi moins vite qu'autrefois. Un peu parce que je ne suis plus dans l'urgence de l'édition, beaucoup parce que la pleine compréhension du texte et l'appréciation de l'écriture exigent de moi un petit peu plus de temps. Les yeux ne sont pas à incriminer. Les verres des lunettes pour lire sont confirmés ou changés chaque année. C'est mon intellect qui rechigne à se presser, soit parce qu'il n'en est plus capable, soit parce que lui aussi a découvert les plaisirs de la lenteur.

Dans ces conditions, j'ai décidé des délestages. Ne plus me laisser bombarder par toute l'actualité politique, scientifique, culturelle et sportive. Privilégier certains domaines au détriment d'autres, abandonnés. Continuer de lire la presse, d'écouter la radio et la télévision, mais en me montrant plus sélectif dans le choix de mes curiosités. Me libérer de toutes sortes de noms, d'informations, d'opinions qui occupent abusivement mon temps et mon esprit au profit de centres d'intérêt plus attachants. J'en retiens d'autant plus facilement noms et péripéties que j'ai avec eux un commerce ancien et fort.

Ainsi suis-je toujours accro aux livres, bien sûr, au cinéma, à la musique classique et au jazz, aux expositions d'art, au football, passion de jeunesse, à l'athlétisme, à l'archéologie, aux progrès de la science et surtout de la médecine, on devine pourquoi.

Le théâtre est sur une mauvaise pente, ne serait-ce que parce que, si mes yeux continuent d'admirer les comédiennes, mes oreilles commencent à moins bien percevoir les aigus de leurs voix.

Venons-en aux délestages. Certains sont anciens, comme le sport cycliste, rejeté depuis que la chimie du dopage occupe une rubrique permanente.

Plus récentes sont mes décisions de m'alléger de l'économie (aux commentaires nébuleux, contradictoires, arrogants : il n'y a pas de petites économies, il n'y a pas non plus de petits économistes) ; de la finance (jouer à la Bourse me paraît maintenant dérisoire) ; de la mode (qu'elle soit faite à Paris, Milan, Londres ou New York, les commentatrices la jugent toujours géniale) ; enfin, de la chanson.

Sous le nombre de groupes et de chanteurs français, américains, anglais, australiens, etc., devant le déferlement permanent de nouveaux noms, de nouveaux albums, de nouvelles chansons, face à l'agressivité répétitive, obsessionnelle, du rap, j'ai fait davantage que couper le son : j'ai fui. Pour rejoindre mes vieux amis, jamais quittés en vérité, Trenet,

Piaf, Brassens, Brel, Perret, Montand, Ferré, Aznavour, Dutronc, Hardy, Gainsbourg, Nougaro et quelques autres comme les Beatles et les Rolling Stones. On est d'une ou deux générations de chanteurs comme on est d'un pays.

Je n'ai pas de place dans ma tête et dans mon oreille pour des Rihanna, Kanye West, Booba, Lady Gaga, Eddy de Pretto, Dadju, Stromae, M. Pokora – au secours ! –, noms puisés dans le catalogue d'Universal Music Group. Ces hommes et ces femmes me sont aussi étrangers que s'ils étaient des joueurs de base-ball.

Il faut que je pense à renouveler mon abonnement à la Philharmonie.

Vendanges tardives

Le délestage du sexe n'a jamais été dans mes intentions. Ce n'est pas parce qu'il est moins vaillant qu'autrefois qu'il faut le négliger, pis, l'oublier. À des âges très divers, des hommes et des femmes y renoncent, jugeant qu'ils ont assez donné et que le plaisir incertain qu'ils pourraient encore en attendre ne vaut pas l'humiliation qui les guette ou l'ennui qui les menace.

Chacun est libre de prendre sa retraite sexuelle quand il décide que le moment en est venu. Ni l'État, ni les syndicats, ni les caisses de retraite ne mettent leur nez dans nos affaires intimes. Enfin, pas encore. C'est une idée qui pourrait venir à des régimes fascistes, opposés à la jouissance des vieux parce qu'elle est moins esthétique, et surtout moins productive que la jouissance des jeunes générations. Ils ne rencontreraient pas l'adhésion des médecins qui, au contraire, encouragent leurs patients âgés à continuer de faire l'amour s'ils en ont l'envie et les moyens. Ils les aident en prescrivant aux hommes Cialis ou Viagra, stimulante pharmacopée de la libido.

Il y a une gêne des personnes âgées à parler du sexe. Des scènes très réalistes vues dans des films ou des séries les mettent mal à l'aise. La nudité les choque. Beaucoup disent que ce qui est suggéré est plus fort que ce qui est montré. Ils ne le pensaient pas il y a encore vingt ou trente ans. Mais, désormais, le corps se cache et l'amour physique, même s'il est encore pratiqué, n'est plus une priorité. C'est le plus souvent un en-cas. Heureux ceux qui baisent avec la régularité des vieux pratiquants !

Ce verbe « baiser », je l'écris, mais ne le prononce plus devant mes amis. Je vois bien qu'il leur déplaît, qu'il les incommode. « Faire l'amour » est l'expression adéquate. Certains préfèrent l'emploi d'expressions qui dévalorisent l'acte sexuel comme « faire la bête à deux dos », « connaître au sens biblique » ou le solennel « accomplir l'acte de chair ». Le mieux, somme toute, est « honorer ».

Au vrai, les occasions d'employer ces mots un peu hypocrites sont rares. Les Jeunes Octogénaires Parisiens ne sont pas portés sur l'évocation des manifestations passées et présentes de leur libido. Coco Bel-Œil pourrait être l'exception, mais on sait qu'il ne parvient jamais à entraîner jusqu'au lit ses conquêtes éphémères.

Les hommes sont les moins enclins aux confidences. Dès les espiègleries et rodomontades de la jeunesse terminées, ils sont plus pudiques que les femmes. Elles, avec leurs copines, elles balancent. Eux, le plus souvent, s'en tiennent aux généralités ou aux plaisanteries salaces, deux façons d'esquiver des récits circonstanciés.

J'imagine la consternation et la réprobation lors d'un repas d'anniversaire, si je proposais aux JOP de témoigner sur leur sexualité.

J'entends déjà Nona ou les Blazic me lancer : « Eh bien, commence ! Vas-y, gros malin ! »

Que leur dirais-je ?

Je leur dirais que, quels que soient les aléas de la vie, il ne faut jamais s'arrêter de faire l'amour. S'arrête-t-on de boire, de manger, de parler, de lire, de marcher, de conduire ? Non, pourquoi donc s'arrêter de baiser ? Certes, les circonstances peuvent mener à une abstinence temporaire. Ainsi la mort de mon épouse. La maladie, la dépression, l'éloignement, la misère, une rupture, autant d'obstacles à une pratique régulière. Mais il faut renouer le plus vite possible avec une gymnastique aussi bonne pour l'esprit que pour le corps. Faire l'amour est une excellente habitude, même si l'agenda en est souvent chaotique.

L'homme a d'autant plus de chances de copuler dans son grand âge que ce fut durant toute sa vie un acte familier et toujours très apprécié de sa partenaire comme de lui-même. En somme, il continue sur sa lancée, il touche les dividendes de sa longue expérience. Bien sûr, il honore moins souvent, mais avec une attention, une patience, une imagination dont il était dépourvu dans sa jeunesse et qui forment ce qu'on peut appeler, après six décennies de tagada, du savoir-faire.

L'homme âgé n'a pas avec son sexe les mêmes relations que lorsqu'il dévorait la vie. Source inépuisable de plaisirs, c'était aussi un instrument de conquête amoureuse, sociale, voire professionnelle. Le jeune homme ne baise pas que par amour. Il laisse parfois ses sentiments au vestiaire. La jouissance est alors sa seule ambition. Il lui arrive d'en oublier celle de sa partenaire. Les deux petits points sur le *ï* d'égoïsme sont les mêmes que ceux sur le *ï* de coït.

Il n'en est pas de même pour les septus et les octos qui continuent de s'envoyer en l'air. Ils sont mus par des sentiments d'amour ou de tendresse. Il y en a bien quelques-uns pour qui c'est une hygiène ou un entretien du corps, et d'autres qui recherchent la performance. Mais les plus nombreux sont les seniors chez qui le sexe est toujours branché avec le cœur et le cerveau. Ce n'est plus un circuit de Formule 1, mais le parcours est balisé et agréable. Ça marche aussi parce que l'épouse, la compagne ou l'amante continue d'aimer ça et d'y prendre une part active.

On comprend dès lors pourquoi les vieux hommes ont des pudeurs de petites cuillères lorsque la conversation vient à rouler sur la sexualité. Soit ils ne pratiquent plus et, quand on a été un coq de basse-cour, c'est un aveu difficile. Soit ils sacrifient encore à Vénus, ils en parlent comme si c'était la chose la plus naturelle du monde, et ils passent pour des hâbleurs ou des prétentieux.

Même avec Octo, je reste silencieux. Il y a cinq ou six ans, un soir d'égarement dû à une consommation excessive de sauternes, il m'avait dit son « ennui d'entrer dans un lit garni ». Je doute qu'avec la tyrannie de sa prostate, il ait renoué avec un plaisir congédié.

Comment oser lui dire que je baise encore parce que je

suis toujours amoureux ? J'aime Manon, je suis aimé de Manon, et comme si l'âge n'existait pas, nos corps exultent ensemble. Sans l'amour, j'en aurais terminé depuis longtemps avec sa traduction et son illustration érotiques (traduction et illustration, deux mots d'éditeur, le métier ne vous lâche jamais...). Le cœur agit comme un secourable et puissant intermédiaire entre le cerveau et le sexe légitimement fatigués. Il les requinque, il les stimule. L'amour prolonge le permis de chasse au plaisir. L'amour, c'est le précieux botrytis des vendanges tardives.

Comment avoir la cruauté de dire à Octo que faire l'amour à quatre-vingts berges est un supplément à la vie ? Et que, chaque fois, c'est comme un moment d'invincible éternité ?

L'aveu

J'ai entretenu à plaisir ma réputation d'homme au tempérament enjoué, souvent rieur, qui sait fuir les déprimes et s'évader de la mélancolie. On ne m'a jamais vu longtemps me renfermer sur les deuils ou quelque défaite et rêve brisé. Nona me dit que ma bonne humeur est un don de Dieu et que je suis l'une de ses créatures vernies. Octo prophétise que je deviendrai triste, irascible, infréquentable, à partir de cent deux ou cent trois ans. Ça va, j'ai encore un peu de temps à consacrer à une aimable contemplation du monde.

La vérité est un peu différente de ce que je donne à voir. S'il est exact que le fond de ma nature est optimiste, je suis sujet à des crises d'inquiétude, voire d'angoisse, brèves mais profondes. Autrefois, elles étaient rares ; depuis mon entrée dans la huit dizaines d'années, elles sont plus nombreuses. Elles augmentent avec l'âge, ce qui est somme toute logique. Mais je les cache à tous, sauf à Manon. Parce que le privilégié que je suis n'a pas le droit, c'est une affaire de morale, de noircir le tableau en se laissant aller. Sans compter que l'habituel réjoui ne serait guère crédible en intermittent du stress.

Y serais-je émouvant ou bourru que je perdrais ma réputation de type allègre qu'il est agréable de fréquenter pour la constance de sa bonne humeur. Je ne laisserai pas l'étalage de mes états d'âme brouiller mon image.

Bien évidemment, c'est la mort qui est le thème de ces pensées anxiogènes. Blanche, spectrale, édentée, elle se tient devant un rouet. Le fil est tendu et elle a dans les mains des ciseaux.

Ou bien la mort prend l'apparence d'une sorte de sumo féminin, gigantesque, nue, avec des seins énormes qu'elle agite et dont je vois bien qu'ils auront pour tâche de m'étouffer.

Je suis certain que si j'ai la malchance d'avoir une agonie, l'une et l'autre s'y relaieront. Puis-je marquer ma préférence pour la sumo ? Contre elle je pourrai me défendre, alors que je n'aurai pas le temps d'empêcher le fatal coup de ciseaux de la filandière. Se battre jusqu'au bout.

Dans le grand âge, on ne peut pas ne pas penser à la mort. On y pense aussi quand on est jeune, mais en coup de vent. Elle paraît si lointaine qu'elle en devient improbable. Même quand elle s'empare d'un proche parent, on ne se sent pas directement menacé. Il y a de la marge. On a encore beaucoup à vivre. Plus tard, on verra plus tard...

Plus tard est là.

On ne peut pas apprivoiser la mort. Ni la snober. Elle est à la fois proche et inaccessible. Mais toujours, on le devine, à l'affût. La mort est sur le qui-vive. Impossible de l'empêcher de débouler de temps en temps dans ma tête. Surtout quand je suis un peu mélancolique à cause d'une contrariété, d'un chagrin ou d'une faiblesse de mon corps. La mort adore se glisser parmi les idées noires.

Comment ne pas songer à sa propre fin quand des vieux célèbres cassent leur pipe à des âges assez proches du mien ? Nous avons vieilli de concert et eux sont déjà partis. Aznavour, Semprun, d'Ormesson, Simone Veil, Philip Roth, Chirac, Pétillon, Bocuse, Lagerfeld, Varda, Poulidor, Robuchon, Michel Serres, Michel Piccoli, etc.

À l'annonce de chacun de ces illustres décès, je ressens comme un lâchage, la perte d'une défense. Les gens simples, inconnus, ou comme moi peu connus, tiennent ces vedettes, ces stars, pour des exemples de longévité, de santé durable, d'inépuisable énergie. Des boucliers contre la mort. Et puis, un jour, une nuit, sans crier gare, pfft ! ils ont disparu. C'est comme si on ôtait une à une les pierres d'un mur de protection.

À quel âge ont-ils lâché la rampe ? Je regarde dans le journal ou sur Wikipédia. Plus jeunes que moi, je les plains ; plus vieux, je les admire. S'ils sont nés la même année que moi, j'éprouve un soulagement, imaginant que la camarde pratique des prélèvements dans chaque classe d'âge selon des quotas secrets.

Je suis certain qu'à l'annonce de la mort de Victor Hugo ou de Charles de Gaulle, beaucoup de vieilles personnes ont dû se sentir fragilisées, ayant perdu la protection d'un grand totem.

Me paraissent bizarrement moins chargées de menaces, les disparitions de membres de ma famille ou d'amis proches, surtout si c'est au terme d'une longue maladie. Une mort soudaine, brutale, sans signes annonciateurs, est incompréhensible et plus alarmante. Mais je n'ai jamais considéré mon entourage comme un rempart. Ils sont aussi fragiles que moi. Je suis aussi exposé qu'eux. Nul ne connaît ni le jour ni l'heure...

Au moment où j'écris cette phrase, je n'ai peut-être plus qu'une heure à vivre. À moins que ce ne soit vingt ans. Je jugerais la première issue injuste, la seconde angoissante. Car dans quel état serais-je ? Les Nona sont rares. En pleine forme, lucide, elle a dépassé l'âge de penser à la mort. Elle m'a confié qu'elle ne la craint plus. Elle en a fait une relation familière dont elle attend qu'elle lui permette de rejoindre son mari bien-aimé. La foi, nom de Dieu !

Comme mes amis les JOP, comme tout le monde, plus que la mort je redoute le naufrage du corps, l'abêtissement du cerveau, la débâcle, la ruine, l'immobilité démente ou incontinente, la dépendance, la tutelle, la mort avant la mort. Comment ne pas avoir la trouille de cette fin calamiteuse ?

Pourtant, j'y pense moins souvent qu'à la mort.

Parce que celle-ci est nette et sans appel, sans « sous réserve de... », sans « au cas où... », sans bavure, sans rémission, sans pitié, sans après. Sans codicille, ajouterait mon ami notaire.

C'est sa nature ferme, définitive, irréversible, qui fiche les jetons.

Contre cette sinistrose qui me tombe de temps en temps dessus, j'ai décidé de réagir. De ne plus me laisser aller à un ressassement funèbre qui finira par entamer ma joie de vivre encore.

Le gentil humour des autres et le mien, évoqués plus haut, ne suffisent pas toujours. J'ai misé sur les philosophes. Au secours Platon, Cicéron, Épicure, Montaigne, Nietzsche ! J'ai même frappé à la porte de Bouddha. Mais philosopher sur la mort, c'est continuer de brasser de méchantes perspectives. À mon âge, apprendre à être résigné ou brave ? Bof ! En quête de sagesse, j'avais de plus en plus le teint brouillé.

J'ai opté finalement pour l'évasion par le rire littéraire. Ficher le camp dans la comédie. Abandonner les idées noires pour des pensées aux couleurs chatoyantes du vivant. Alors, presque au hasard, selon des pulsions littéraires, je choisis dans ma bibliothèque un volume du théâtre de Molière, le *Journal* de Jules Renard, les Jeeves et Bertie de Wodehouse, quelques titres burlesques de Cami ou d'Alphonse Allais, les pamphlets de Paul-Louis Courier, un album de dessins de Sempé ou de Cabu, une Pléiade de Proust, un San Antonio, etc.

Sourire agace la mort, rire l'expulse. Sans même y penser, par le seul pouvoir de la lecture, mon humeur naturelle reprend sa place.

Sur les conseils de Manon, j'ai poussé la défiance jusqu'à donner des noms aux deux femmes bourreaux de mon imaginaire.

La filandière aux ciseaux, je l'appelle Anastasie, patronyme de la femme qui symbolise la censure. Qu'est-ce que la mort, sinon une censure totale et définitive ?

Quant à la sumo aux seins énormes et menaçants, je l'ai baptisée Bouboule. La dérision est une grimace qui soulage et réconforte.

Svelte, élégante, Manon est mon anti-Bouboule. Joyeuse, persifleuse, futée, Manon a confisqué les ciseaux d'Anastasie.

Un ajustement inattendu

Coco Bel-Œil m'a donné rendez-vous aux Deux Magots. Pour m'annoncer, m'a-t-il dit, une nouvelle stupéfiante et me demander un service. Je suis doublement intrigué. Une écharpe en soie grège nouée dans le col de sa chemise bleu lavande, largement ouverte, un blouson de cuir noir, il porte beau, l'animal !

– Tu commences par la nouvelle ou le service ?

– La nouvelle parce que le service en dépend, me répond-il avec un sourire amusé, fier de mon impatience. Et c'est une bonne nouvelle : je vais me marier.

– Toi, te marier ? C'est une blague !

– Pas du tout. Elle s'appelle Raphaëlle et, si tout va bien – je touche du bois –, je vais l'épouser. J'en viens au service : veux-tu être mon témoin ?

– Oui, bien sûr… Attends, ça va trop vite… Explique-moi…

– Oh, c'est simple, dit Coco Bel-Œil en gonflant les poumons comme s'il cherchait à occuper plus d'espace. J'en ai marre de vivre seul. J'ai décidé d'affronter la vieillesse à deux, de partager mes vieux jours avec quelqu'un, de préférence une femme agréable et sympa. Je l'ai trouvée. Et comme Raphaëlle veut se marier, eh bien nous allons nous marier ! J'étais contre le mariage, maintenant je suis pour ! Ce n'est pas un reniement, c'est un ajustement.

– Mais où, comment l'as-tu trouvée, cette perle ?

– Sur un site de rencontres. Je me suis inscrit sur le site le plus haut de gamme pour les plus de cinquante ans. Il s'appelle « Chic et chiche ! ». Comme le nom l'indique, des femmes et des hommes bon chic bon genre brusquent un peu leur nature pour oser se mettre sur le marché.

– Tu as eu l'impression de te mettre sur un marché ?

– Oui, le marché du glamour, et plus, comme on dit, si affinités. Le marché du couple et, ça arrive, tu vois, du conjugal.

– Tu as trouvé facilement ?

Coco Bel-Œil me jeta un regard amusé, sûr de l'intérêt que son récit susciterait.

– La première qui m'a répondu s'appelait Josée. Sur sa photo, les cinquante ans, elle ne les faisait pas. Pas étonnant, elle avait triché, elle en avait quarante-six. Sa petite présentation se terminait ainsi : « J'adore les vieux. » Me traiter de vieux, c'était osé. Mais piquant, amusant. Je l'ai invitée à dîner. Elle m'a expliqué qu'elle a toujours été attirée par les hommes beaucoup plus âgés qu'elle, qu'ils la rassurent, qu'ils sont plus attentifs, plus délicats que les hommes de son âge. Les grosses bedaines exclues, ils ont un physique souvent élégant, émouvant. « J'adore les vieux. » Mais les rides, les cheveux gris ou absents ? « J'adore les vieux. » Leurs habitudes, leurs manies ? « J'adore les vieux. » Sexuellement ? « J'adore les vieux. » Son « J'adore les vieux », répété toutes les cinq minutes, était comme un refrain, une incantation. Je me suis dit : si jeune et séduisante soit-elle, tu ne vas pas te mettre en ménage avec une femme qui te dira jour et nuit « J'adore les vieux » ! Ça se terminera par son étranglement !

J'ai ri, imaginant Coco Bel-Œil portant les mains au cou de Josée, tandis qu'elle disait pour la dernière fois qu'elle adore les vieux.

– Après Josée, ç'a été Marie-Grace, reprit Coco Bel-Œil, une grande bourgeoise de la plaine Monceau. Veuve, la grande classe, comme Octo ancienne notaire, et exactement mon âge, soixante et onze ans. Elle ne pouvait pas tricher : son prénom disait son âge. Nous avons déjeuné ensemble. J'ai été très impressionné par son élégance, sa conversation, sa culture. Très à l'aise, plus à l'aise que moi, surtout quand elle parlait des livres qu'elle avait lus. Je me rappelle m'être dit qu'à ma place, tu aurais su lui donner la réplique. Mais, dans l'ensemble, je ne me suis pas mal débrouillé, surtout quand je lui ai raconté mes astuces d'agent immobilier. Elle a regretté de ne pas m'avoir connu il y a cinq ans, lorsque son mari est mort et qu'elle a acheté un appartement plus petit. « Vous m'auriez utilement conseillée », m'a-t-elle glissé gentiment. « Cet appartement, je vous invite à le voir », m'a-t-elle dit à la fin du déjeuner – que je lui ai offert, tu me connais. Elle habite un cinquième étage, boulevard de Courcelles.

Je me disais : il ne va pas encore me raconter une histoire

qui foire au dernier moment, il ne va pas oser. Mais non, puisqu'il est entré chez Marie-Grace et qu'il n'apprécie guère son mobilier XVIIIe, la solennité confortable mais démodée du salon.

– Je pensais, continua Septu, qu'elle allait m'offrir un whisky ou un cognac. Elle m'a donné le choix entre un jus de fruits et un Coca. Pourquoi pas ? Notre conversation continuait d'être très agréable et je voyais bien qu'elle appréciait mon écoute. Je dois à la vérité d'avouer que je faisais des efforts pour ne pas décrocher quand elle racontait ses balades culturelles dans le Pays basque où elle possède une maison. Mais enfin, elle me jugeait digne de sa conversation, elle estimait ne pas perdre son temps à nouer une relation avec moi. Pour l'instant, j'étais chez elle et agréé. Le moment était venu de pousser mon avantage. Alors, comme nous étions assis dans deux fauteuils placés l'un en face de l'autre, j'ai lentement avancé mes fesses vers le bord de mon fauteuil et, sans un mot, les yeux dans les yeux, j'ai posé ma main sur son genou. Oh là là ! Que n'avais-je pas fait ! D'un bond, elle s'est levée. Quelle forme physique ! Tirant sur sa jupe, elle m'a dit : « Mais, monsieur, vous n'y songez pas ? À notre âge ! » J'ai bredouillé qu'à tout âge nous… « Il n'en est pas question ! a-t-elle repris. D'habitude, j'ai un bon flair pour deviner les obsédés. Avec vous je me suis trompée. Je dois vieillir. Monsieur, vous avez commis l'irréparable, je vous demande de quitter ces lieux. Adieu, monsieur. » Et je suis parti, abasourdi, un peu honteux, me disant ensuite dans l'ascenseur que la recherche d'une compagne…

– Ce n'est pas de la tarte ! dis-je, en ajoutant que Marie-Grace n'emploierait pas cette locution trop familière.

– Mais si, mais si, c'est de la tarte, désolé de te contredire, Guillaume, parce que ma troisième rencontre sur « Chic et chiche ! » a été la bonne, Raphaëlle est pâtissière ! Mariée deux fois, divorcée, puis veuve, deux enfants, cinq petits-enfants déjà grands, le cœur libre, à la recherche d'un compagnon des vieux jours. Et comme elle est plutôt jolie, les yeux bleu sombre, ronde mais sans embonpoint, je suis tombé sous le charme. Nous avons passé deux week-ends ensemble. On s'est éclatés !

– Mais pourquoi veut-elle se marier ?

– Pour être sûre de mes sentiments. Elle veut un engagement en bonne et due forme. Elle a peur d'être tombée sur un cavaleur du Web. Dans les abonnés des sites de rencontres, il y a des petits malins, des escrocs. Je lui ai dit que ses doutes, ses précautions me blessaient. Mais, rien à faire, elle veut son mariage. Et comme je tiens beaucoup à elle, je lui ai dit oui.

– Le oui officiel est pour quand ?

– Pas avant trois ou quatre mois. Les papiers, les démarches administratives, les bans, fixer une date pour réunir les deux familles, tout ça prend du temps. Heureusement, le domicile est trouvé : ce sera chez moi.

– Tu as bien réfléchi, Septu, tu es sûr de ton coup ?

– Aussi sûr que de la hausse des prix de l'immobilier.

Et moi, et moi, et moi…

Sitôt rentré chez moi, mon moi jumeau m'est tombé dessus sans ménagement :

– Avec Coco Bel-Œil, tu as été affligeant. Fou de bonheur, il t'annonce qu'il va se marier, il te demande d'être son témoin, et toi, circonspect, dubitatif, incrédule, tu le questionnes comme s'il avait commis une bourde, pire, un délit. Le pauvre ! Il attendait de toi un étonnement joyeux, de vibrantes félicitations, une exaltation presque égale à la sienne. Rien de cela. L'attitude réservée d'un vieux sage ou plutôt d'un vieux schnock qui se méfie des emballements de la jeunesse…

– La jeunesse ! Comme tu y vas !

– Mais si, par rapport à toi, Coco Bel-Œil n'a pas seulement dix ans de moins, il a de l'audace, de la ferveur, un enthousiasme auquel tu aurais dû t'associer. Hélas ! avec le cœur sec de ton âge, tu as préféré le rappeler à la prudence. « Tu es sûr de ton coup ? » Lamentable !

– C'était mon rôle d'ami et d'aîné de lui demander s'il avait bien réfléchi.

– Sous couvert de réflexion, les vieux comme toi n'entreprennent plus rien. Tu penses, tu penses, tu penses, c'est tout ce que tu sais faire ! Tu adores, avoue-le, le confort de l'inaction, le moelleux des habitudes. Alors que Septu, lui, prend tous les risques en se mariant. Et au lieu de lui dire bravo !, tu lui dis fais gaffe ! Ta frilosité, ta tiédeur, tes mises en garde de patriarche momifié me débectent.

– Que dois-je faire ? lui ai-je demandé, contrit et penaud.

– Le rappeler. Tout de suite. Et lui dire au téléphone ce que tu ne lui as pas dit aux Deux Magots : ta joie, tes félicitations, ta fierté d'être son ami et bientôt son témoin, ton impatience de connaître Raphaëlle et de la présenter aux JOP, déjà tes vœux de bonheur…

J'ai obtempéré ! Je dois reconnaître que mon moi jumeau avait raison, ayant ressenti dans la réaction de Coco Bel-Œil à mon appel du soulagement, une radieuse gratitude qu'il n'avait pas exprimée lors de notre rencontre au café.

Plus je vieillis, plus mon moi jumeau donne de la voix. Il profite de mes hésitations, des maladresses de l'âge, pour intervenir sans vergogne. Comme je lui reconnais souvent de la sagesse et du bon sens, il n'hésite plus à en user sans ménagement. Toujours aux aguets, il s'ingère dans ma conscience et l'interpelle avec une provocante liberté de ton et de vocabulaire dont j'ai fini par m'accommoder. Dialectiquement, il a pris l'ascendant sur moi. Lui ne cherche pas ses mots, il ne finasse pas, il dit ce qu'il a à dire, que ça me plaise ou non. Il est vif et disert, parfois grossier. Je suis bien obligé de constater qu'il est plus jeune que moi, qu'il a une tchatche que je ne possède plus.

Dois-je me réjouir d'avoir su garder dans ma vieille tête une voix musclée et indépendante ? ou devrais-je me révolter contre ces outrageantes leçons de morale, rejeter avec colère ces incessants rappels à une vie plus pêchue ?

Du temps que j'étais éditeur, mon moi jumeau se manifestait peu, abandonnant la place à mon moi professionnel. Celui-ci était en quelque sorte mon associé. Je débattais en permanence avec lui des problèmes de notre entreprise. Nous n'étions pas toujours d'accord, mais c'était moi qui au bout de la conversation tranchais.

Avec mon moi professionnel, je ne file plus que de la nostalgie.

Mon moi sexuel est toujours bien vivant, mais apaisé, tranquille, plus du tout dans les exigeantes pulsions d'autrefois. J'ai souffert et joui de ses impatiences. L'âge de raison lui est venu tard. Conscients l'un et l'autre que nous serons bientôt au bout du chemin, nous évoquons cette issue avec sérénité, nous employant cependant de concert à en reculer la date le plus longtemps possible.

Quant à mon moi citoyen, sans être aussi changeant et véhément que dans mes jeunes années, il reste attentif à la vie politique, aux bourrasques économiques et sociales, aux métamorphoses de l'Europe, aux relations internationales. Conscient de la complexité de plus en plus grande du monde et de l'embrouillamini de nos sociétés, je suis enclin à la compréhension, à l'indulgence. Ce n'est pas bon signe. Les vieux atrabilaires, les ronchons professionnels qui répandent des méchancetés sur les gouvernements, sans pour autant ménager l'opposition, vivent plus longtemps, dit-on, que les papys philosophes qui mettent de la distance entre la chose publique et eux. Les Blazic sont de ceux-ci ; les Guermillon sont de ceux-là, unis exceptionnellement dans la diatribe politique, renchérissant l'un sur l'autre dans une hargne qui devrait leur valoir de devenir centenaires.

Enfin, il y a mon moi médical.

Le plus actif, le plus interventionniste de mes moi. Où que j'aille, quoi que je fasse, il m'accompagne. Toujours prompt à commenter une démangeaison ou une courbature. Toujours capable d'analyser un « coup de moins bien », comme disent les sportifs, de le comparer à de précédentes faiblesses, d'évaluer sa durée et de proposer des médicaments ou des activités pour le juguler. Et quand c'est du lourd, une hernie hiatale ou, il y a quatre ou cinq ans, une crise de coliques néphrétiques, il est intarissable, faisant souvent questions et réponses, étant à lui seul le généraliste, le spécialiste, l'infirmière et le psy.

Si j'ai demandé à Octo de réduire nos conversations sur nos santés, c'est parce que je dois subir les bavardages prioritaires de mon moi médical et que je ne peux pas passer ma vie à épiloguer sur ce qui en sape le flux vital.

D'un homme qui travaille énormément et qui tient pour négligeables ses accrocs de santé, on dit qu' « il ne s'écoute pas », autrement dit qu'il n'écoute pas son moi médical. J'ai été celui-là. Mais sitôt à la retraite, mon moi médical a pris sa revanche, donnant de la voix du matin au soir, et même la nuit, s'interrogeant sans fin sur les causes d'une crampe ou prolongeant une insomnie en divaguant sur les causes des insomnies.

Comme ils sont maintenant les plus présents, les plus bavards, mon moi jumeau et mon moi médical se font la guerre. Leur rivalité est devenue permanente. Je ne suis pas fâché, je dois l'avouer, de les entendre s'engueuler. Car l'un et l'autre ne sont pas sans talent.

Le médical reproche au jumeau d'être un importun qui me casse les oreilles et le moral par ses incessantes remontrances, ses critiques souvent injustes. Il s'étonne que je puisse supporter ses injures, même si elles sont proférées dans l'intimité. Il pense que je me porterais beaucoup mieux si mon moi jumeau n'était pas un rabat-joie, un pisse-vinaigre, un tyran dont les semonces m'empêchent d'endurer avec plus d'allant et de sérénité les souffrances physiques et morales de la vieillesse.

Fidèle à sa verve familière, mon moi jumeau n'a aucun égard pour mon moi médical. Conscient que les connaissances de celui-ci ne reposent que sur Internet, les journaux, les témoignages, la médecine des grands-mères et, bien sûr, mon vécu médical, il se moque de son activisme qui pourrait passer pour de la compétence. Il le traite de charlatan, de Diafoirus de supérette, de docteur des nigauds. C'est injustement méchant, car, comme mon jumeau, mon moi médical est parfois de bon conseil.

Au total, ce sont deux zélés serviteurs que la rivalité pousse à des excès mais dont j'apprécie la constance de l'attention et l'opportunisme des interventions. Quand ils sont trop longs ou qu'ils s'égarent, je n'hésite pas à leur couper le sifflet.

Souvenirs d'enfance

J'ai observé que les JOP et moi évoquons rarement notre jeunesse. Quand nous sollicitons notre mémoire, c'est le plus souvent pour des souvenirs professionnels, culturels, de vacances, de voyages, de couple. Nous sommes beaucoup plus loquaces sur nos enfants que sur notre enfance. Même s'ils sont les plus anciens, les souvenirs de nos jeunes années ont gardé des contours assez nets pour être racontés sans erreur et sans ennui, avec cependant les retouches apportées par le temps. Mais ils nous paraissent peu intéressants pour nos interlocuteurs, ne serait-ce que parce que nous-mêmes ne sommes guère curieux de ceux des autres.

J'en parlais à Jean-Paul Blazic, qui m'a fait justement remarquer que les souvenirs d'enfance et de jeunesse sont le sujet de très beaux livres, les écrivains sachant leur donner avec l'écriture la fantaisie ou la mélancolie que notre parole maladroite ne parvient pas à restituer. Ils interrogent leur enfance pour y découvrir le secret de leur vie. De ce travail de vieille fourmi remettant ses pattes dans les traces de la débutante, ils ont souvent tiré des chefs-d'œuvre. Nous avons cité les noms de Dickens, Jules Renard, Renan, Colette, Lewis Carroll, Sartre, Larbaud, Rousseau, Hermann Hesse, Jack London, Romain Gary, Duras…

– Stop ! dis-je à Blazic. C'est toi qui reviendras en deuxième semaine.

Cette conversation m'a donné l'idée de proposer les souvenirs d'enfance et de jeunesse comme thème du dîner d'anniversaire de Gérard Guermillon. Le Café Procope, restaurant ouvert en 1686, se prêtait bien à ce jeu de remémoration. Ne manquait que Coco Bel-Œil, en visite à Carcassonne dans sa nouvelle famille.

Au héros de la soirée, l'honneur de commencer.

– Comme vous le savez, dit Gérard, je suis un enfant de l'Assistance publique, aujourd'hui on dirait la DDASS. J'étais placé dans une ferme de Haute-Loire. Après l'école, les jeudi, samedi et dimanche, je gardais les moutons et les chèvres. J'avais neuf ans, c'était la guerre, et comparé à Émile qui avait mon âge et qui, lui, était placé dans la ferme d'à côté, j'étais plutôt heureux. Le pauvre Émile était le souffre-douleur d'un couple de vieux paysans. Ils étaient laids et avares, et ils passaient sur Émile leur continuelle mauvaise humeur. Arrive Noël. C'était en 43 ou 44. J'avais mis mes sabots devant la cheminée et Émile, bizarrement encouragé par ses patrons, avait mis les siens devant leur cheminée. Moi, j'ai eu une orange, une bien ronde, une bien belle orange, à l'époque une rareté. C'était la première que je voyais. « Et toi, qu'est-ce que tu as eu ? » j'ai demandé à Émile. En me tendant le petit sac, il m'a répondu : « Des crottes de chocolat. » Puis il a éclaté en sanglots. C'étaient des crottes de chèvre.

– Pourquoi as-tu choisi de nous raconter cette histoire très triste ? ai-je demandé à Gérard.

– Parce que de toutes les larmes que j'ai versées ou que j'ai vu verser durant ma vie, celles d'Émile sont les plus émouvantes. J'ai oublié les autres. Celles-là, non !

– Eh bien moi, c'est un souvenir heureux, a dit Nona, saisissant la balle au bond. Pas de mon enfance, elle est sans intérêt. Du jour du bac ! Épreuve de philosophie. Nous étions assis deux par table. À côté de moi, un grand et beau garçon avec un sourire, je ne vous dis que ça ! Je lui ai prêté ma gomme ; deux fois, il m'a montré l'heure sur sa montre. Après l'épreuve, nous sommes allés boire un verre. Nous ne nous sommes plus quittés. Il s'appelait Jean-Bernard. Trois ans après, il est devenu mon mari. C'est le seul homme que j'ai eu dans mon lit et dans ma vie. Cinquante-trois ans de bonheur ! Le jour du bac, j'ai réussi bien plus que le baccalauréat.

– Vous souvenez-vous, Nona, du sujet de philosophie ? lui a demandé Jean-Paul Blazic.

– Évidemment ! C'était : « La raison peut-elle rendre raison de tout ? » Jean-Bernard avait répondu plutôt oui, et moi plutôt non. Par la suite, quand nous avions un différend, une controverse, cela se terminait toujours par « Comme au bac, tu as raison ».

Je ne rapporterai pas le souvenir peu intéressant de Mathilde Blazic – des poupées échangées par erreur –, alors que son mari a captivé l'auditoire par son récit de la libération d'Alençon, d'où il est originaire. Sa mère parlait un peu l'anglais. De toutes les femmes qui fêtaient les GI à côté de leurs tanks ou dans leurs jeeps, elle était l'une des rares à échanger vraiment quelques phrases avec les libérateurs et à les remercier de leurs cadeaux autrement que par des *thank you* et des sourires. Jean-Paul a tiré de son portefeuille une vieille photo où on le voit gamin, assis sur la tourelle d'un char, un soldat faisant derrière lui avec les doigts le V de la victoire. Ce n'est pas sa mère qui a pris la photo, mais un reporter du journal local. Elle a été publiée le surlendemain.

– J'avais neuf ans, a ajouté Jean-Paul, et j'étais malheureux de ne rien comprendre de ce que disaient les soldats américains et de ce que leur disait ma mère. J'étais, moi aussi, exalté, je participais à la joie collective, mais frustré par mon ignorance. Attristé en plus par l'absence de mon père, encore prisonnier en Allemagne. C'est ce jour-là que je me suis promis d'apprendre l'anglais, la langue des vainqueurs. Sans imaginer, bien sûr, que j'en ferais ma profession.

Puis, ce fut le tour d'Octo. Fils d'un tailleur, je le savais, nous le savions tous parce qu'il nous rappelait parfois que son père lui disait : « Fiston, taille des bavettes plutôt que du tissu, ça rapporte plus. » De fait, notaire, il a beaucoup parlé et il a gagné beaucoup d'argent.

Quand il revenait du collège ou du lycée, il était fréquent que son père lui demandât d'aider le coursier en livrant une robe, une veste ou un costume au domicile des clients. Il le faisait en espérant recevoir un pourboire. Chaque fois, il revenait déçu. Son père lui expliquait que, fils du patron, il ne suscitait pas la générosité de la clientèle. Aux yeux de celle-ci, l'argent versé au tailleur pour son travail profitait à toute la famille. Pas un franc de plus pour le rejeton.

– C'est en souvenir de l'adolescent qui se sentait lésé que toute ma vie j'ai laissé un pourboire au café et au restaurant.

Puis, Octo ajouta, après avoir bu un peu d'eau comme pour rincer sa mémoire ou sa conscience :

– Mon père avait pris l'habitude de me verser les pourboires que je ne recevais pas de la clientèle. Or il est arrivé, pas souvent mais c'est arrivé, qu'un client me glisse une pièce. Eh bien, je vous en fais l'aveu aujourd'hui : je ne le disais pas à mon père et je recevais ainsi un double pourboire...

La table a ri, ce qui a semblé surprendre Octo. Il y avait prescription et sa petite entourloupe ne relevait pas de la criminologie. Mais on voyait bien que dans sa mémoire, c'était une tache.

Ayant dit que je clôturerais cette séance de nostalgie, ne restait plus que Marie-Thérèse Guermillon. Elle empoigna son récit avec son énergie coutumière, après avoir repoussé son assiette devant elle.

– J'étais à l'école de mon village des Charentes. Je devais avoir onze ou douze ans. J'aimais beaucoup traîner après la classe et mes parents n'aimaient pas ça. Quand je rentrais avec plus d'une heure de retard, il fallait que j'invente des raisons autres que la maraude des fruits avec des copines ou le flirt avec des garçons à cache-cache dans les vignes. J'aimais bien inventer des raisons fortes : une copine s'était foulé la cheville, je l'avais ramenée chez elle ; nous avions cherché à qui appartenait un chien perdu ; toute la classe avait été collée pour indiscipline… Un soir, c'est avec deux heures de retard que je suis rentrée. Pourquoi ? Je ne me souviens pas. Mais je me souviens bien de la colère de mon père. Alors, je l'ai joué gros, dramatique : « J'ai été collée parce que j'ai été accusée d'avoir cassé un carreau d'une fenêtre de la cantine. Mais ce n'est pas moi, je le jure ! – Alors, qui ? – Je n'en sais rien, mais ce n'est pas moi ! » Le lendemain, pendant le cours, j'ai été appelée chez le directeur de l'école. Il y avait mon père. Il venait d'apprendre qu'aucun carreau de l'école n'était cassé et que je n'avais pas été collée à la place d'une autre. Sa pâleur, son silence, son air glacial, oh là là ! J'ai été punie, évidemment, et par l'école et par mon père. Longtemps après, il m'a dit qu'il m'en avait voulu le plus non pas pour mon mensonge idiot, mais pour l'avoir ridiculisé devant le directeur de l'école. Il était arrivé indigné, remonté à bloc. Sa fille accusée injustement, il ne laisserait pas passer ça ! Ah, non ! Tout de suite, il avait laissé exploser sa colère. On imagine l'incompréhension du directeur, son étonnement. Puis son triomphe devant mon père dépité, humilié. Mon pauvre papa… Mon pauvre papa…

Marie-Thérèse a-t-elle essuyé une larme furtive ? Elle en a fait le geste. Il nous a semblé aussi que son mari manifestait un peu d'émotion. Il a porté son verre à ses lèvres, plus pour se donner une attitude que pour boire. Ce vieux couple laisserait-il la sentimentalité se glisser entre ses rugueuses écorces ?

C'était enfin à mon tour de parler. J'ai choisi un souvenir d'enfance cocasse. Mes parents avaient eu la généreuse et aveugle idée de me payer des cours de piano. Aucun don pour aucun instrument, sinon le tourne-disque. La professeure donnant un récital pour ses élèves et ses amis, j'y suis allé, contraint mais intéressé.

– Je me rappelle être arrivé le premier dans une petite salle d'une centaine de places. Tout de suite, j'ai remarqué qu'il n'y avait pas de piano sur l'estrade. J'ai été encore plus étonné de ne reconnaître aucun de mes camarades parmi les gens qui s'asseyaient. Que des adultes ! Que des parents d'élèves ? J'ai voulu partir, mais c'était trop tard. Sur l'estrade, un type manipulait des cartes à jouer avec une incroyable dextérité. On l'a applaudi. Il a été remplacé par une femme qui sortait des foulards et des colombes de son chapeau, puis des colombes de ses foulards. J'étais perplexe et ravi. Seul adolescent de l'assistance, j'étais regardé avec sympathie, avec aussi un peu d'ironie. Qu'est-ce que je fichais là ? Eh bien, je m'étais trompé de jour, le récital de la prof, c'était le lendemain, et j'assistais au spectacle que se donnaient entre eux des prestidigitateurs au terme de leur congrès. Par gentillesse, par amusement, comprenant que j'étais là par erreur, ils ne m'avaient pas chassé de la salle. Et moi, j'étais émerveillé par tous ces numéros de prestidigitation qui se succédaient. L'un des magiciens m'a interpellé de l'estrade :

« Comment t'appelles-tu ?

– Guillaume.

– Est-ce que tu aimes les oiseaux, Guillaume ?

– Heu… oui. »

« Il a libéré d'une cage une perruche et une colombe qui sont venues se poser sur mes épaules. La salle a applaudi. J'étais à la fois fier, heureux et un peu intimidé. Sur un signal, les deux oiseaux sont revenus se percher sur les épaules de leur maître. Un peu plus tard, un autre prestidigitateur s'est adressé à moi en prenant la salle à témoin : "Je crois bien, dit-il, que notre ami Guillaume est un vrai filou. Non seulement il a réussi à se glisser dans cette salle où le public est interdit, mais il m'a volé mon portefeuille…" J'ai rougi, j'étais évidemment éberlué, gêné, cherchant une aide. Alors, il m'a lancé : "Regarde dans la poche droite de ta veste." Il y avait un portefeuille ! Ses confrères applaudissaient et riaient. J'ai ri à mon tour, mais quand même un peu embarrassé d'être depuis quelques instants le centre d'intérêt de la salle. J'ai tendu le portefeuille en direction de l'artiste. Il m'a alors dit : "Merci pour le portefeuille mais je voudrais bien aussi récupérer ma montre." Elle était à mon poignet ! C'est en souvenir de cette merveilleuse soirée que j'ai édité un manuel de magie et les mémoires d'un célèbre prestidigitateur américain. J'ai oublié son nom…

– David Copperfield, dit Jean-Paul Blazic. Je les ai traduits.

J'ai eu l'impression, qui fut confirmée le lendemain par les JOP, que l'évocation de nos souvenirs d'enfance avait donné à ce dîner un charme particulier, un intérêt supplémentaire, comme si le récit de ces très anciennes et modestes péripéties avait permis de mieux nous connaître.

Les petits renoncements

Je rentrais en voiture d'un déjeuner dominical à Neauphle-le-Château, chez mon ami le vieux romancier Bruno T. Passant par des petites routes, je longeais un terrain de football où deux équipes de jeunes filles se disputaient le ballon. Mon premier réflexe fut de m'arrêter et de regarder le spectacle pendant quelques minutes. Ainsi ai-je toujours fait lorsque, au hasard de mes promenades et trajets professionnels, je butais sur un match de foot. Peu importait la couleur des maillots, qu'ils soient portés par des enfants, des juniors, des corpos, des seniors ou des femmes, qu'il y ait ou non du public, mon amour du ballon rond et ma curiosité m'intimaient l'ordre de stopper la voiture et de suivre le match. Mais, ce dimanche-là, je me suis dit : à quoi bon ? et je suis reparti.

Le soir, mon moi jumeau m'a interpellé sur ce qu'il a appelé une « défaillance de comportement ». Est-ce lui, avec malignité, ou moi, avec honnêteté, qui a alors évoqué une autre « défaillance de comportement » dont je m'étais rendu coupable le même jour ? Bruno T. a installé pour ses petits-enfants deux flippers dans une salle de jeux. Nous suivions leurs parties bruyantes et acharnées quand Bruno m'a dit : « Allez, à toi ! » J'ai refusé, masquant ma dérobade derrière le souci de ne pas interrompre la compétition des trois adolescents. Qui se récrièrent : « Mais si, mais si, monsieur ! Choisissez un flipper ! » Je n'en ai choisi aucun, ajoutant lamentablement : « C'est plus de votre âge que du mien. »

Je me souviens du regard à la fois étonné et consterné de mon ami Bruno T., où se lisait cette réflexion : « Oh, là, il a pris un coup de vieux ! » Quant à mon moi jumeau, il n'a pas eu tort de me traiter de vieux con.

J'ai toujours adoré jouer au flipper. En ont-ils englouti des pièces de monnaie durant ma jeunesse ! Chaque fois que, au cours de ma vie, j'ai eu l'occasion de faire quelques parties, j'y suis allé d'une juvénile énergie. Je me rappelle même un défi lancé par un jeune auteur dans un café où il y avait un flipper et où nous avions parlé de son premier manuscrit. J'avais perdu de peu.

Alors, pourquoi cette reculade devant les flippers de Bruno T. ? Pourquoi ne pas m'être arrêté pour regarder quelques minutes de football ?

Une sorte de lassitude nous saisit face aux vieilles habitudes, même celles qui nous procurent et nous ont toujours procuré du plaisir. Celui-ci, trop ancien, trop familier, n'est plus assez mobilisateur pour nous obliger à passer à l'acte. À quoi bon ? On sait tout ça, on apprécie tout ça depuis si longtemps que nous n'avons plus l'envie d'y revenir encore une fois.

Et puis s'est installée dans notre inconscient l'idée que des petites choses agréables de la vie ne sont plus de notre âge, qu'elles appartiennent à une époque révolue et que c'est montrer de l'autorité sur nous-mêmes que d'y renoncer. Nous voilà jansénistes ! Distractions écartées, austérité consentie. Nous adhérons à des vieux jours qui ont tiré un trait sur les frivolités et les gaietés d'autrefois.

Interrogeant ma mémoire, je me suis aperçu que récemment, sans réfléchir, je m'étais désaccoutumé de vieux réflexes épicuriens. Ainsi n'avais-je pas acheté le numéro de *Elle* avec en couverture une prometteuse photographie de Laetitia Casta nue. J'avais préféré me coucher plutôt que de regarder tardivement sur Arte un documentaire sur la vie et l'œuvre de Philip Roth. J'avais résisté à la tentation d'entrer dans la pâtisserie Ladurée, rue Bonaparte, pour acheter quelques macarons. J'avais déçu Manon en n'allant pas dîner avec elle dans un nouveau bistrot des Halles qui lui avait été recommandé, préférant à l'aventure l'assurance d'une adresse habituelle. Elle m'avait dit : « Tu ressembles à un vieil ours qui ne veut mettre ses pas que là où il y a ses empreintes. »

Cette succession de défaillances de comportement, de refus des petits plaisirs autrefois recherchés, m'a à la fois intrigué et affligé. Jurus, qu'est-ce qu'il t'arrive ? Aurais-tu perdu le goût de la surprise alléchante, de l'opportunité à saisir des deux mains, des bonheurs modestes ? À ton insu, serais-tu entré dans une période ascétique qui ne pourra pas ne pas avoir une influence détestable sur ton caractère, en en bouchant quelques ouvertures ? Les vieux ronchons, les pépés rouscailleurs ont probablement glissé dans le lamento pour n'avoir pas su réagir à temps contre une lente dépossession de leurs facultés de curiosité, d'énergie et d'émerveillement. Fais gaffe, Jurus, ne suis pas leur funeste exemple !

Ces petits renoncements sont sans rapport avec les délestages que j'ai évoqués plus haut. Ceux-ci, après réflexion, ont été décidés pour libérer ma tête de sujets d'actualité, de thèmes récurrents. Je les juge moins passionnants et moins nécessaires que d'autres auxquels j'entends continuer de consacrer toute mon attention. C'est une manière d'hygiène mentale dont je retire des bénéfices, alors que les renoncements qui n'ont l'air de rien peuvent à la longue, répétés, altérer gravement mon humeur.

C'est justement parce que j'ai rayé de ma vie d'octogénaire des matières qu'à tort ou à raison je juge encombrantes que je dois veiller à ne pas en écarter les petits riens des passions sauvegardées. Le diable, dit-on, est dans les détails, et j'aime à penser qu'il trouve encore du plaisir à m'accompagner.

Alors, promis, c'est dit, j'achèterai le numéro de *Elle* avec Laetitia Casta en couverture, plus quelques macarons chez Ladurée. Je téléphonerai à Manon pour l'inviter dans le bistrot des Halles qu'elle voulait tester. Peut-être le documentaire d'Arte sur Philip Roth est-il toujours visible ? Je jure de ne plus dédaigner aucun flipper aux excitantes lumières et d'arrêter ma voiture pour regarder pendant quelques minutes du football joué par des inconnus.

Je veillerai à être toujours disponible pour des invitations impromptues à me divertir.

Je serai même toujours demandeur de clins d'œil amusés ou canailles du destin.

La fidélité à celui qu'on a toujours été, voilà une belle ambition de vieux bonhomme.

La peur de manquer

Il y avait trop de tableaux, trop de bibelots dans le salon de ma belle-mère. C'était son goût, après tout. Ce que sa fille et moi avons découvert après sa mort dans les armoires, placards et cagibis de l'appartement nous a sidérés. Des dizaines et des dizaines de paniers, de sacs en papier et en tissu, de brosses à habits, à chaussures, à cheveux, à dents, de boîtes et pots de tous volumes et de toutes utilités, certains remplis de boutons, d'épingles, de trombones, de gommes, de plumes à écrire, d'élastiques, des centaines de crayons, de stylos à bille, de feutres, de torchons, de serviettes, de gants de toilette, et puis aussi, en pagaille, des savons, des tubes de dentifrice, des peignes, des éponges, des paquets de mouchoirs en papier, des gants de cuisine, etc.

À la manie très fréquente de ne rien jeter, Yvonne, ma belle-mère, avait ajouté le syndrome de l'accumulation. Pour se sentir plus prospère, plus puissante ? Pour dresser un rempart contre la mort ? Ou tout simplement parce qu'elle avait été saisie par la rage de collectionner tout et n'importe quoi ?

Il y avait aussi sa peur de manquer. Nous avons en effet

trouvé dans sa cuisine des réserves impressionnantes de riz, de café, de sucre, de sel, de moutarde, d'huile et de vinaigre. On ne sait pas ce qui peut arriver. Une guerre est si vite déclarée. Des grèves sont interminables, les émeutes imprévisibles.

Rappelons-nous Mai 68. Dans ce monde chaotique, il faut être prévoyant, surtout quand on est vieux et qu'on n'a plus la force ni la patience de faire la queue. Alors Yvonne prenait ses précautions. Et, en cas de coup dur, elle aurait volé au secours de ses enfants, les morigénant de leur insouciance et se donnant en exemple pour sa bonne gestion de l'avenir.

Yvonne était un cas clinique. Nous avons compris trop tard pourquoi elle préférait toujours passer chez nous plutôt que de nous inviter à lui rendre visite. La peur de manquer est assez répandue chez les vieilles personnes. Chez les JOP, seuls les Guermillon en sont victimes. Ils reconnaissent qu'ils ont besoin de réserves alimentaires pour se sentir rassurés. Ils ont toujours plusieurs kilos de pâtes et de riz d'avance. Ils expliquent qu'ils ont eu faim pendant leur enfance – la guerre – et que, chez l'une comme chez l'autre, une certaine inquiétude du lendemain ne les a jamais lâchés. Dans notre groupe, ils sont aussi les comptables les plus vigilants, n'en étant ni les plus riches (Octo et moi), ni les moins aisés (les Blazic).

À côté de la grande peur de la décrépitude et de la mort, il y a la modeste peur de manquer. D'aliments. D'air, de muscles, de nerfs, de réflexes, d'énergie. La peur de se laisser aller, la peur du corps qui lâche peu à peu. Il est cependant si habile à maquiller ses renoncements ou ses défaillances que nous les prenons pour un allègement bienvenu de notre planning.

Comment ne pas penser aussi – mais rarement, comme un oiseau qui passe – à la peur de manquer de courage, la dernière heure venue ?

La peur de manquer d'humour à l'annonce des coups durs et au long des traitements qui plombent l'existence et le moral.

La peur de manquer de sang-froid quand notre caractère de plus en plus irritable se sent agressé par des choses humaines qui lui paraissent de moins en moins recevables.

J'en étais là de mes pensées moroses quand Pommard a sauté sur mes genoux. Je n'avais pas encore tenté une caresse qu'il ronronnait déjà. Si je mourais dans la nuit, qui le recueillerait ? Que deviennent les animaux domestiques veufs de leur maître ou maîtresse ? (Je n'étais décidément pas dans un moment bien gai.) Remis à la SPA ? à la Fondation Brigitte Bardot ? Si Raphaëlle aime les chats, pourquoi pas Pommard chez Coco Bel-Œil ? ou chez les Blazic qui en ont déjà deux ? Je n'imagine pas mon placide chat dans la compagnie de la fofolle Victoria, la chienne d'Octo, ni chez les Guermillon, sous le feu de leurs querelles permanentes.

J'ai alors pensé à Istanbul, l'un des chats de mes parents. Il avait mauvais caractère, émettant un sifflement de colère lorsque son repas était servi avec retard. Si on osait lui disputer un fauteuil, il griffait. Il n'aimait que mon père. J'étais jaloux de leur affection réciproque. Par dépit, je lui donnais en douce des coups de pied. Il miaulait d'indignation. Peut-être dans ma tendre relation avec Pommard y a-t-il un peu du besoin de me rattraper de mes sévices sur Istanbul ?

À partir de ce souvenir guère honorable mais mineur, j'ai élargi la perspective et procédé à un examen de conscience. Par obligation j'en faisais régulièrement dans le pensionnat religieux où mes parents m'avaient placé durant quelques années d'adolescence. J'y excellais par orgueil. Des péchés solides revendiqués avec front donnaient une meilleure image de moi que les défausses balbutiantes de mes camarades. Mais, à quatre-vingt-deux ans, je n'ai personne à épater et un examen de conscience sur le thème « j'ai peur d'avoir manqué de… » est forcément douloureux.

J'ai peur d'avoir manqué d'affection et de reconnaissance envers mon père et ma mère.

J'ai peur d'avoir manqué de gratitude envers les vieilles tantes aux joues poilues et aux tabliers à fleurs qui se mettaient de bonne heure à leurs fourneaux pour me régaler de jolis plats et de desserts dont, soixante-dix ans après, je puis faire venir le goût sur ma langue.

J'ai peur d'avoir manqué de mots pour dire ce que je devais à des professeurs, à des aînés de bon conseil, à des amis perdus de vue, à des amantes oubliées.

J'ai peur d'avoir manqué d'amour pour ma femme, le temps, l'implacable temps qui passe, râpant, usant le désir, l'admiration, la patience, l'attention, l'humour, la résilience, laissant cependant intacte la tendresse.

J'ai peur d'avoir manqué de temps pour mon fils.

« C'est tout ? Fini de te meaculpabiliser ? Tu n'as rien oublié ? Ne nous cacherais-tu pas encore quelques lâchetés, des mensonges par omission, des trahisons par silence ? Ou bien ton examen de conscience masochiste est-il vraiment terminé ? L'octogénaire est-il content de s'être fait mal ? Le vieillard a-t-il flippé en fouillant dans les poubelles de sa mémoire ? »

(On aura reconnu au style mon moi jumeau.)

« Tes parents n'étaient pas de grands câlins. T'ont-ils dit une seule fois qu'ils t'aimaient ?

« As-tu oublié que tu ne supportais pas les leçons de morale de tes tantes ? Tu devais les avaler avant ou après leurs jolis plats et desserts.

« Rappelle-toi, tu détestais certains profs. Et ces aînés, amis, copines, fiancées dont les conversations te barbaient et qui, parfois, t'ont fourvoyé avec de mauvais conseils, de faux tuyaux.

« Et ta femme ? Tu crois qu'elle t'a aimé du même amour du début à la fin ? Tu rêves ! Ses sentiments étaient plus usés que ses robes. Le temps, toujours lui.

« Enfin, ton fils, j'ai peur que ce grand nigaud néo-zélandais considère que parler à son père sur WhatsApp soit aussi admirable que les lettres de Mozart à son père, si tant est qu'il en connaisse l'existence. »

Pommard a sauté de mes genoux, a fait quelques pas, puis s'est retourné pour me regarder. A-t-il senti que ce bilan contradictoire de ma vie me mettait mal à l'aise ? Il est impossible de le faire avec équité. Trop impliqué, trop de partis pris. Manque de distance. Difficile d'être en même temps son procureur et son avocat. Trop de souvenirs, trop d'oublis, trop de mots et de silences. J'ai peur de manquer de sérénité.

La force de l'âge prolongée

Pour mon dernier anniversaire, j'avais reçu de mon fils et de mes petites-filles douze bouteilles de chambertin-clos-de-bèze. De mes amis des JOP, des places pour le Théâtre des Champs-Élysées. Quel contraste avec les cadeaux que nous offrions il y a quarante ou cinquante ans à nos aïeuls ! Mon père, je m'en souviens, n'échappait pas pour Noël à un flacon d'eau de Cologne, à des pantoufles, à une robe de chambre « bien chaude » ou à un pyjama. Ma mère recevait également des pantoufles, une chemise de nuit brodée ou un châle. Les vieux étaient accablés de cache-nez et de Damart. Surtout qu'ils ne prennent pas froid ! Ils étaient invités à rester chez eux, calfeutrés dans de la pure laine des Pyrénées, dans du mouton doublé ou du Thermolactyl.

Le mot « aïeul » pour désigner le grand-père ou la grand-mère n'est plus employé que dans une langue recherchée. Plus de pépé mémé. Ni de grand-papa grand-maman. Le papé ou papet s'est éteint avec Marcel Pagnol. Bonne-maman et mère-grand ont rendu l'âme depuis longtemps. Exit toutes ces appellations qui vieillissaient les vieux. Dans la bouche de leurs petits-enfants, c'était le rappel vingt fois par jour de leur obsolescence. C'étaient des mots qui leur disaient continûment que la sortie était proche. Charmant !

Grâce au joyeux son *i*, papy et mamie sont des noms plus sympathiques, plus liants. L'enfant les fait sonner sans crainte ni réticence. Mais beaucoup d'hommes et de femmes qui se retrouvent grands-parents à moins de soixante ans jugent que papy et mamie leur donnent un coup de vieux. Ils préfèrent que la nouvelle génération les appelle par leur prénom. Pour leurs petits-enfants qui sont grands, les Blazic ont toujours été Mathilde et Jean-Paul. Mais, bientôt, pour leurs arrière-petits-enfants ?

Leur accent néo-zélandais empêche mes trois grandes petites-filles de prononcer correctement papy, pépé ou papé. Elles disent, ou du moins j'entends, popey. Va pour l'agité Popeye, même si je ne suis ni borgne ni fou d'épinards.

L'alimentation est un domaine où, en un demi-siècle, le discours des diététiciens aux vieux systèmes digestifs a bien changé. Mes parents ont-ils eu connaissance de l'existence du mot « nutritionniste » ? On leur disait de manger ce qui leur faisait plaisir, pas trop, en pensant à l'équilibre des poissons, des viandes, des légumes et des fruits. Depuis, les homélies nutritionnelles se sont radicalisées. Plus de sucre ! Plus de sel ! Plus de graisse ! Plus d'alcool ! Compter les calories pour n'avoir pas à numéroter ses abattis. S'empiffrer de vitamines pour garder pied vaillant et bonne mine. Boire un litre et demi d'eau par jour si l'on veut continuer de voir l'eau couler sous le pont Mirabeau.

Aucun des JOP ne suit un régime. Certains comme moi font attention à ne pas trop manger de pain, de féculents, de charcuteries, de viandes en sauce, de fromages. Seule Mathilde Blazic refuse la pâtisserie. C'est un club de vieux gourmets amateurs qui ont une conception raisonnable de la diététique alimentaire.

Il est vrai que Nona est un encouragement à la liberté. Elle mange ce qu'elle aime et dont elle sait par expérience que cela lui sera profitable. Le matin, elle trempe une tartine de beurre et de confiture dans son café au lait. Elle resale certains plats. Elle sucre son café. Elle boit un demi-verre de vin à chaque repas. Elle consomme peu d'eau. Elle est au-delà des mises en garde alimentaires comme elle est au-delà des ordonnances médicales et des conseils philosophiques.

En quelques décennies, la consommation de médicaments chez les anciens a très fortement augmenté. Je ne suis plus étonné par les pilules, comprimés, cachets, gélules et pastilles de toutes les couleurs qui forment des petits tas à côté des mugs des petits déjeuners. J'appartiens au clan des Vieux Poucets qui répandent dans leur estomac, tout au long de la journée, des petits cailloux vitaminés. Il y a des semaines B6 et D3, d'autres B9 et C. Cela me rappelle le jeu de bataille navale de mon enfance.

Nous avons tous un pilulier. Octo et les Guermillon l'ouvrent au vu et au su de tous pendant les repas, saisissent le médicament et l'avalent en même temps qu'une gorgée d'eau. Les Blazic, Coco Bel-Œil et moi sommes des cachottiers. Profitant de ce que l'attention se porte sur l'autre bout de la table, nous tirons la gélule de sa boîte et l'enfournons prestement dans le bec. Quand il intercepte mon geste, Octo ne manque jamais de se moquer de mon hypocrisie. Un jour, je lui ai dit que ce serait un curieux spectacle si, tous les huit, nous ouvrions ensemble nos piluliers et, dans le même mouvement, en avalions le contenu. La tristesse suivrait le fou rire.

Il n'y a pas que l'espérance de vie qui s'est allongée depuis un demi-siècle. L'état de santé, la forme physique, le tonus ont progressé à vue d'œil, je veux dire que ça se voit dans la comparaison sur photos et films des pépés et mémés d'hier avec les papys et mamies d'aujourd'hui. Celles et ceux qui ont échappé aux fléaux des CI2A et qui n'ont pas de problèmes de mobilité donnent l'impression d'être dans une force de l'âge prolongée. L'industrie cosmétique, les laboratoires pharmaceutiques, les clubs de fitness, les cures de thalassothérapie, les hôtels à spa, la chirurgie esthétique et les gourous antidépresseurs participent à la lutte pour que le corps ne révèle pas son âge. Sus aux rides et au spleen de la retraite !

La mode, elle aussi, a coupé jeune. Elle a mis de la couleur là où, autrefois, gris et noirs, les vêtements des vieilles personnes étaient taillés pour envelopper, cacher et donc dénoncer la détresse du corps. Plus de vilains chapeaux pour ces dames. Elles ont le choix entre une élégante sagesse ou une audace de bon goût. Il y a plus de vieux qui se sont mis à la mode qu'il n'y a une mode faite pour les vieux. L'important, c'est qu'ils se sentent à l'aise et qu'ils aient le sentiment de n'être pas exclus de la garde-robe des actifs.

Quant à moi, depuis quelques années, je porte, le printemps et l'automne, des pantalons de velours rouge ou jaune. Avec retard, j'ai participé au mouvement d'abandon de la cravate. Manon m'y a encouragé. Il m'arrive d'aller dans des cocktails et dîners un peu chics vêtu d'un tee-shirt sous la veste.

Les Blazic adorent les croisières, même s'ils ne peuvent s'offrir une cabine de luxe sur les ponts supérieurs. La masse de septus et d'octogénaires ne me gênerait pas, mais Manon considère que ces paquebots sont des paradis fiscaux sur mer. Ma fiancée est par moments un peu gauchiste.

Pour la première fois, elle a accepté mon invitation à participer au prochain voyage des JOP, à Berlin. J'espère que Coco Bel-Œil sera accompagné de Raphaëlle, sa merveille. Je suis comme d'habitude chargé de l'organisation de notre sortie annuelle. Le tourisme du troisième âge, voilà aussi du nouveau par comparaison avec la vieillesse statique de mes parents et grands-parents.

Amour et solitude

Joufflue, avec une gracieuse fossette au menton, très souriante, Raphaëlle n'a pas de rides. À soixante-dix ans, elle a gardé une peau éclatante et on voit bien que le maquillage n'y contribue guère. Ses yeux sont bleu sombre, ses cheveux châtain clair, une couleur obtenue chez son coiffeur. Inutile de chercher pourquoi Coco Bel-Œil a succombé à son charme : celui-ci est aussi flagrant que son effet sur son futur époux. Je ne l'ai jamais vu dans cet état d'agitation béate.

Je suis touché qu'ils m'aient choisi pour leur première visite aux Jeunes Octogénaires Parisiens. Il est vrai que lui m'a demandé d'être son témoin à leur mariage. Sur la sympathie que j'ai spontanément ressentie pour Raphaëlle, sur son physique avenant, mes craintes quant à l'engagement de Coco Bel-Œil sont aussitôt tombées. Profitant d'un moment où elle regardait un tableau du salon, j'ai levé les deux pouces vers mon jeune ami. Il y avait dans ce geste mes compliments sur son choix et ma confiance dans leur avenir.

À propos de gestes, ce sont les leurs qui m'ont intéressé. Chaque fois que je revenais de la cuisine pour apporter le café, les macarons, les serviettes que j'avais oubliées, je les surprenais dans une attitude amoureuse semblable, me semble-t-il, à celle qu'ils auraient eue cinquante ans auparavant. Lui penché sur elle pour un baiser sur ses lèvres. Elle caressant son visage d'un mouvement furtif. Lui posant sa main sur un de ses genoux (audace qui lui avait valu la réaction indignée de la grande bourgeoise de la plaine Monceau). J'avais confirmation que la geste amoureuse ne change pas avec l'âge.

Avec le temps, Manon et moi nous donnons moins souvent des preuves d'amour en public. Mais je me souviens qu'à nos débuts, nous n'hésitions pas à nous embrasser dans la rue en attendant que le feu passe au vert. Deux ou trois fois, j'ai surpris des regards d'étonnement. J'y répondais par des yeux interloqués de leur étonnement.

Il me semble qu'il y a plus de vieux couples qui se donnent la main que de jeunes. La raison en est que c'est plus un signe de tendresse, d'attachement, que d'amour fou. J'apprécie que Manon me donne le bras. Elle me dit en riant que c'est macho. Et quand c'est moi qui lui donne le bras ? Toujours macho.

Pour ma déclaration d'amour, j'avais hésité entre un texto – communication moderne, jeune, pimpante – et une lettre, plus attendue d'un ex-éditeur, lecteur de correspondances célèbres, défenseur de l'écriture sur papier. Je justifiai le choix d'une feuille blanche frappée en haut à gauche de la mention « Éditions de Montenotte » par un texte aussi littéraire qu'enflammé. La vétérinaire me répondit sur son papier d'ordonnance en prescrivant des caresses et des baisers à la signatrice, qui précisait qu'elle n'était cependant pas un animal domestique. Depuis, nous échangeons des textos.

N'être pas seul à affronter la vieillesse procure une incontestable impression de confort. Le couple diffuse l'un pour l'autre du courage, de l'humour, de la sécurité, de la sérénité. Qu'il soit ancien ou récent, l'amour garde son prestige et sa force. On est vieux, mais l'amour reste un sentiment jeune. On se dit qu'il doit faire du bien au cœur fatigué, aux artères encombrées, aux articulations engourdies. C'est un peu de jouvence sur la peau et dans le regard. Quand je dis à Manon que je l'aime, mon corps accompagne mes mots d'un élan vers elle qu'elle ne voit pas, mais dont je ressens la même ardeur qu'au temps de ma jeunesse, quand je croyais que Louise ou Jeanne serait la femme de ma vie. Si c'est Manon qui m'écrit ou me dit qu'elle m'aime, une délicieuse liqueur me coule dans la bouche tandis que je me répète que je suis un sacré veinard, un béni des dieux, un pistonné du ciel, un coiffé de la fortune, qui est aimé d'une femme exquise, toujours en activité, alors que je suis dans ma quatre-vingt-troisième année.

Chez les Blazic, mariés depuis longtemps, la tendresse a succédé à l'amour. C'est moins fort, moins spectaculaire, plus dissimulé. La tendresse est à l'amour ce que sont les transats aux bains de mer. On s'y allonge avec confiance, avec douceur, une main s'emparant de la main échappée du siège d'à côté. La tendresse est un capital retraite. Il s'est constitué au fil des années, avec patience, ramassant dans un assemblage l'accoutumance à l'art de vivre à deux, la fierté d'avoir vaincu des obstacles et d'être toujours ensemble, le projet de vieillir de concert, enfin ce qu'il reste d'amour et qui a pris la forme d'un invincible attachement.

Amour ou tendresse, les couples de vieux échappent à la grande peur de la solitude. Non qu'il n'y ait de seniors, hommes ou femmes, heureux de se retrouver célibataires, préférant l'isolement à une calamiteuse et insupportable vie de couple. Il y a aussi celles et ceux, autonomes, qui bénéficient des visites fréquentes de leurs enfants et d'autres membres de leur famille. Ainsi Nona, aussi visitée que la Vierge Marie. Mais le plus souvent, les cheveux blancs sont heureux de se retrouver à deux sur l'oreiller. Ils se parlent, s'écoutent, se conseillent, se stimulent, s'épaulent, se confortent, se rendent indispensables l'un à l'autre. Et s'ils s'engueulent, c'est vite oublié. Ils affrontent ensemble les pathologies de la vieillesse. Ils vainquent ensemble chagrins et désillusions de l'âge. Ils ne souffrent pas – du moins tant que l'un des deux ne lâche pas la rampe – de l'ennuyeuse, de la plombante, de l'infinie, de la mortelle solitude. Je ne sais plus qui a écrit : « La solitude est très belle… quand on a près de soi quelqu'un à qui le dire. »

C'est par peur de se retrouver seul dans les sombres dédales de la vieillesse que Coco Bel-Œil, célibataire militant, a décidé non seulement d'attacher désormais son existence à celle d'une femme, mais, de crainte de la perdre, cédant à ses exigences, de se marier avec elle. J'ai été ému par sa faiblesse due à une sorte de panique existentielle. Manon l'admire au contraire pour sa force de caractère.

De l'urgence tardive de Coco Bel-Œil à bâtir un couple durable, j'ai tiré l'idée que la vie à deux, très répandue dans les débuts, ne serait-ce que pour faire et élever des enfants, devrait l'être au moins autant dans son extrémité pour en surmonter les périls.

– Je n'avais pas envie de me retrouver un jour dans un Ehpad, expliqua Coco Bel-Œil, et d'y jouer le joli cœur avec des femmes effondrées dans des fauteuils roulants.

– Ce ne serait pas étonnant ni incongru, dis-je, la presse relate parfois des mariages dans des maisons de retraite.

– Un jour, dit Raphaëlle, on assistera à des mariages de centenaires.

– Si ce n'est pas indiscret, Raphaëlle – vous permettez que je vous appelle Raphaëlle ? –, pourquoi teniez-vous beaucoup à vous marier ?

– Parce que je suis restée fidèle à cette règle de vie : on couche, on se marie.

– Pardon d'être franc, mais c'est vieux jeu !

– Moins vieux jeu que du temps de ma grand-mère et, je crois aussi, de ma mère. À l'époque c'était : on se marie, on couche. Moi, j'ai inversé, on couche, on se marie, ce qui permet de tester les prétendants. Les mariages avec les deux premiers hommes de ma vie étaient la suite logique de nos satisfactions mutuelles dans le privé. Malheureusement, le premier, après vingt ans de vie commune, est parti chercher fortune ailleurs ; et le second m'a quittée pour le cimetière de

Carcassonne. Nous étions mariés depuis vingt-deux ans. Le mariage est aujourd'hui une institution décriée, mais moi, je ne connais rien de mieux pour unir durablement un homme et une femme. Ou deux hommes ou deux femmes, je suis moderne, vous voyez.

– Mon ami Coco Bel-Œil sera donc le troisième homme de votre vie. C'est très flatteur. Mais pourquoi lui ?

– Guillaume – vous permettez que je vous appelle Guillaume ? –, vous n'avez pas écouté ou pas compris ce que je viens de vous expliquer. Votre question est à la fois inutile et indiscrète.

– Oui, pardon, où avais-je la tête ? Je suis impressionné par votre franchise. Vous saviez que ses amis appellent Gustave Coco Bel-Œil ?

– Oui, il me l'a dit dès les premiers jours.

Se tournant vers son futur mari, Raphaëlle planta ses yeux dans les siens et lui déclara :

– Coco Bel-Œil, je t'aime ! Ça fait évidemment plus jeune, plus sympathique, plus prometteur que « Gustave, je t'aime » !

Les joues de Coco Bel-Œil s'empourprèrent. Il n'était pas encore habitué à la conversation directe de Raphaëlle. Je me suis demandé s'il ne sera pas croqué ou étouffé par la forte personnalité de sa future femme. Nous verrons bien. L'essentiel était dans les signes de bonheur qui émanaient de sa personne, de sa bouche notamment.

– Sais-tu, me dit-il, que j'ai l'impression d'avoir quarante ou cinquante ans de moins ? Je vis avec beaucoup de retard ce que vivent les jeunes gens : l'amour fou, les fiançailles, bientôt le mariage. Pas de fiançailles officielles, évidemment, c'est démodé, mais le temps qui y correspond et qui est très excitant. C'est encore un temps de découverte et c'est déjà un temps de préparation. La préparation à l'idée du mariage avant la préparation du mariage lui-même. Il y a encore un an, on m'aurait annoncé que j'allais en passer par là que je n'y aurais évidemment pas cru.

– Coco Bel-Œil m'a dit que vous êtes pâtissière, dis-je en me tournant vers Raphaëlle et en lui présentant l'assiette de macarons.

– C'est un abus de langage. Je ne saurais pas faire ces délicieux macarons. Mon deuxième mari était pâtissier, un excellent pâtissier, et je me contentais de l'aider en tenant la caisse. Et du temps de mon premier mari qui était dentiste, j'étais gérante d'un cinéma.

– Films et gâteaux, dis-je, sont des gourmandises, des récompenses.

– Surtout du dimanche, ajouta Raphaëlle. J'ai toujours travaillé le dimanche.

– Désormais, le dimanche, dit Coco Bel-Œil, nous irons ensemble à la pâtisserie et au cinéma.

La santé (4)

J'ai invité Octo à m'accompagner au Club 13 pour la projection privée d'un film sur les enluminures médiévales. Des amis qui l'ont vu m'en ont vanté la beauté et l'intérêt. Nous descendons des escaliers qui mènent à une petite salle de projection. Au moment d'entrer, je jette un regard circulaire sur les fauteuils et l'écran tout en avançant. Je n'ai pas vu la marche et m'étale après avoir vainement essayé de me raccrocher à Octo.

Par terre, je ne bouge pas tout en me demandant : quelque chose de cassé ? Je fais rapidement le tour du propriétaire. Non, pas de douleur insupportable, juste un petit choc à un genou et une main râpée sur la rugueuse moquette. « Ça va ? Ça va ? » me demandent Octo et le projectionniste. « Oui, ça va, dis-je, rien de cassé, juste la peur et mon étourderie. Aidez-moi à me relever… »

Une fois debout, après m'être épousseté, je regarde avec colère la marche d'escalier que j'ai ratée et rassure de nouveau Octo. Il me glisse à l'oreille :

– 1 à 1. Ballon au centre.

C'est une manière amusante de me rappeler que lui aussi, il

y a quelques jours, est tombé. Nous sortions de la station de métro Saint-Germain-des-Prés et en gravissions l'escalier extérieur quand, pressé d'être en haut, il a accéléré le pas et s'est étalé sur les dernières marches. Ouf ! rien de cassé, juste un peu de peau arrachée à une main et à une cheville. Mais peur égale à la mienne de s'être blessé gravement par étourderie ou bravade. Des jeunes, eux aussi, se cassent un bras ou une jambe, mais ils s'en remettent autrement plus vite que nous, les vieux, durablement et profondément handicapés.

De toutes les fractures du grand âge, la plus redoutée est celle du col du fémur. Très mauvais signe. Conséquence de l'ostéoporose ou d'une imprudence, elle annonce trop souvent une fin difficile ou hâtée. Le col du fémur, c'est comme les cols de Bussang ou du Portillon, ça sent le sapin.

Aux grandes peurs de la déchéance physique ou mentale et de la mort, aux peurs moins tragiques de manquer et d'oublier, il faut ajouter la peur de tomber. Le corps n'est plus aussi ferme qu'avant sur ses jambes, il a maintenant des hésitations et des troubles de l'équilibre, il n'avance plus en suivant une ligne droite, s'en écartant légèrement, par à-coups qu'il est impossible d'empêcher. La vaillance des guiboles n'est pas en cause, mais elles n'offrent plus la sécurité qui nous a permis de progresser dans l'existence à grands pas. Les pieds sont sur la sellette. Parfois, ne faisant pas l'effort de se lever un peu plus haut, ils butent sur l'obstacle et provoquent la chute de leur vieux compagnon. À quatre-vingts ans et plus, contrairement à l'adage, mieux vaut glisser de la langue que du pied.

Il n'y a pas à s'étonner que des vétérans fassent des demimarathons. Ils sont en forme et leurs jambes et pieds sont préparés, programmés pour avancer à petites foulées répétitives tout le long du parcours. Une défaillance ne peut venir que du souffle ou du cœur.

Le risque que nos jambes viennent à manquer, nos pieds à se dérober, se manifeste quand nous prenons une initiative soudaine, donc imprévue : courir après un autobus, foncer dans un métro qui va fermer ses portes, accélérer le pas par joie de toucher au but, se hâter par crainte d'être en retard... C'est dans ces moments-là, où nous oublions notre peur de tomber, que nous nous cassons la figure.

Par prudence, nous sommes obligés de faire beaucoup plus attention qu'avant où nous mettons les pieds. Alors que nous nous rapprochons inexorablement du ciel, nous le regardons de moins en moins. Le sol n'a jamais été pour nous aussi périlleux. Les yeux à terre, nous donnons toute l'année l'image de ramasseurs de champignons.

En sortant du Club 13, Octo m'a proposé de boire un verre au bar du Royal Monceau. « Un remontant te fera du bien », m'a-t-il dit. Je me suis contenté d'une orange pressée. Il m'a demandé s'il pouvait disposer de plus de trois minutes pour me donner des nouvelles de sa santé. Je lui ai répondu que ce n'était qu'une convention et que je serais à son écoute au prorata de mon amitié qui est immense.

– Voilà, c'est décidé, m'a-t-il dit avec du soulagement dans la voix, je me fais opérer de la prostate. On va m'enlever ce foutu adénome dans quinze jours, à l'hôpital Saint-Louis. J'ai envie de retrouver des nuits calmes, des journées normales.

– C'est une bonne décision, lui dis-je, je t'ai encouragé à le faire depuis longtemps et je suis heureux que tu aies décidé de surmonter ta peur de l'opération. Elle est sans danger.

– Aucune opération n'est sans danger. Regarde ce qui est arrivé à ce pauvre Gérard Philipe, je l'aimais, je l'avais vu dans *Les Caprices de Marianne*, à Avignon. C'était l'un de mes cadeaux d'anniversaire. Eh bien, le chirurgien lui avait assuré qu'il avait trois fois rien, et quand il l'a ouvert, il a constaté que le cancer lui avait dévoré le foie. Je viens de lire ça dans un livre sur ses derniers jours. Terrible ! Qui te dit que mon chirurgien n'aura pas la même mauvaise surprise ?

– On ne meurt pas de la prostate comme on meurt du foie. Tu as déjà été opéré ?

– Ce sera la première fois. Et ce qui m'angoisse le plus, vois-tu, ce n'est pas qu'on m'ouvre le ventre, c'est qu'on m'endorme. À mon âge, on ne se réveille pas toujours.

– Mais si ! Tu ne te réveilleras pas frais et dispos, mais heureux d'avoir été débarrassé de ton méchant surplus. Quarante-huit heures après, tu seras chez toi.

Opéré de l'appendicite et d'un calcul biliaire, je comprends les appréhensions d'Octo à la perspective de confier pour la première fois son corps à un chirurgien, de découvrir et de subir à l'âge de quatre-vingt-deux ans le protocole de la table d'opération. Les vieux qui ont eu des coups durs de santé durant leur vie affrontent ceux de la fin avec souvent plus de courage, plus de volonté de guérir que les chanceux dont le corps a échappé jusque-là aux agressions de l'extérieur comme aux trahisons internes.

Nous avons continué d'évoquer sa prochaine opération quand, jugeant probablement que nous avions assez parlé de lui, Octo m'a demandé tout à coup : « Et toi, comment vas-tu ? », la fameuse question de politesse devenue pour nous une question médicale.

– Je ne suis pas dans une bonne période, lui ai-je répondu. Tu as vu, tout à l'heure, je me suis cassé la figure en entrant dans la salle de cinéma. Sans dommage, heureusement. Mon dentiste m'a mis un implant provisoire. Il est tombé. J'ai un cor à un pied qui me fait mal. Il faut que j'aille chez le podologue. Mais tout ça n'est rien comparé à ma nuit d'avant-hier ! Assis toute la nuit dans mon lit, avec deux oreillers dans le dos pour éviter les remontées gastriques. Quelles brûlures d'estomac ! Longues, douloureuses, elles revenaient à intervalles réguliers. Tu te dis que ça ne finira jamais. Les médicaments sans effet, le moral à zéro. Quelle nuit !

– Qu'est-ce qui t'a déclenché ça ?

– J'ai oublié de prendre mon cachet de Mopral le matin. Ça n'aurait pas été grave si j'avais eu ce jour-là une alimentation normale. Mais j'ai déjeuné chez moi, avec Manon, et j'ai ouvert une des bouteilles de chambertin que mon fils m'a offertes. Sublime ! Nous avons bu toute la bouteille. Mon estomac, lui, n'a pas apprécié. Et il s'est vengé.

Bien sûr, je n'ai pas raconté à Octo qu'à mes douleurs d'estomac se sont ajoutées, toute la nuit, les engueulades de mon moi jumeau et de mon moi médical, cette fois unis dans les semonces et les fulminations. Sans respect ni pour le vieux ni pour le malade, ce sont deux cerbères sans éducation ni pitié.

Les lavandières du Portugal

Un mois après, nous avons fêté l'anniversaire de Nona dans le salon des Goncourt, chez Drouant. Nous lui avons offert le repas ainsi qu'une broche de Chanel, qu'elle a aussitôt épinglée sur le revers de sa veste noire. Il y avait Coco Bel-Œil, mais sans Raphaëlle, empêchée au dernier moment. Nous étions tous un peu déçus par son absence. Il y avait aussi Octo, sans son adénome prostatique, parfaitement remis de son opération. Sauf qu'il doit suivre pendant quelques semaines des séances de musculation de son périnée défaillant. Il n'a confié qu'à moi son problème de fuites et son exaspération de devoir, comme avant l'intervention chirurgicale, aller aux toilettes fréquemment, jour et nuit. C'était bien la peine !

Pour thème de ce déjeuner à la table où les dix académiciens font chaque année, début novembre, la gloire et la fortune d'un écrivain, sous le regard encadré du fondateur du prix, Edmond de Goncourt, j'avais choisi pour thème de notre conversation les mots et expressions désuets, oubliés, que nous regrettons ou dont nous nous félicitons de la disparition. J'en avais averti les JOP pour qu'ils y réfléchissent.

La parole d'abord à notre doyenne, quatre-vingt-seize ans ce jour-là, les marques de sérénité et de bienveillance se succédant sur son visage. Mais, dès la première phrase, il refléta de la colère.

– Dans ma jeunesse, les garçons appelaient les filles des « gonzesses ». Je détestais ce mot : sa vulgarité, son mépris. On parlait de la gonzesse d'untel, des gonzesses du lycée. Il y avait d'autres mots exécrables comme grognasse, pétasse, poufiasse, mais c'étaient des mots injurieux employés pour faire mal. Tandis que gonzesse était employé normalement, sans intention d'être désagréable, comme s'il était normal que les filles soient des gonzesses. Les garçons étaient des « gonzes », mais ce terme n'était utilisé qu'entre eux. Nous, les filles, nous n'avions aucune envie de les appeler des gonzes. Et comme j'étais connue pour mes « Je ne suis pas une gonzesse, je suis une fille » prononcés d'un ton sec, certains garçons disaient en me voyant : « Tiens, voilà la gonzesse qui ramène ses fesses ! » De la grande poésie, comme vous voyez. Alors, oui, je suis contente que ce mot de gonzesse ait disparu.

– Le mot « poule », également, dit Gérard Guermillon.

– Ah, oui, poule, je l'oubliais, celui-là ! s'exclama Nona.

– J'avoue l'avoir beaucoup employé dans ma jeunesse, reprit Gérard. On disait : « Cette femme, c'est la poule de... », « Ce type a toutes les poules qu'il veut... ». C'est évidemment un mot péjoratif mais, à l'époque, je n'en avais pas conscience, ça me paraissait normal. On se permettait vis-à-vis des femmes des choses qu'on ne se permettrait pas aujourd'hui.

– « Ah, si vous connaissiez ma pou-ou-ou-le », chanta Octo en imitant Maurice Chevalier.

– Les femmes ont gagné la bataille du langage, ajouta Jean-Paul Blazic. Beaucoup de termes péjoratifs, injurieux, sexistes ont disparu.

– Il en reste sûrement, dit Coco Bel-Œil, mais nous ne les connaissons pas.

– Une meuf, la meuf, dis-je. La femme en verlan. Ce sont les jeunes qui emploient ce mot. Je ne suis pas sûr qu'il sonne bien aux oreilles de toutes les femmes.

– Je veux défendre des vieux mots oubliés, intervint Marie-Thérèse Guermillon avec autorité. Ils s'appliquaient aux filles et aux femmes, et ils étaient plutôt jolis, charmants. Comme la grisette, la jeunette, la belle luronne, la lionne, et même la nana. J'aime bien la nana… La nana et son mec… C'est chouette, c'est sympathique.

– C'est limite vulgaire, dit son mari.

– Et toi, quand tu parles de bobonnes, c'est pas vulgaire ?

– Et toi, les hommes, quand tu les appelles des zigotos, des guignols, c'est gentil ? c'est distingué ?

– Je ne te permets pas…

– Ah, non, ça suffit ! dis-je, coupant la parole à Marie-Thérèse. Vous avez promis de ne plus vous engueuler devant nous ! Vous n'allez pas rompre votre promesse le jour de l'anniversaire de Nona !

– Pardonnez-nous, dit Gérard. C'est moi qui ai commencé.

Commencé par des ravioles de langoustines, le repas s'est poursuivi avec un bar accompagné d'une crème de champignons et des gnocchis au cresson. La conversation se dispersa pendant un bon moment avant que je propose à Mathilde Blazic, qui n'avait encore rien dit, de renouer avec le sujet du repas.

– Eh bien, moi, dit-elle, en tirant de son sac un papier, je regrette la disparition des expressions que je vais vous lire. Elles se rapportent toutes à l'amour, à l'approche amoureuse. Ma préférée, c'est « conter fleurette ». Très joli, « conter fleurette » ! « Courir le guilledou », « courir la prétentaine » sont des expressions plus savantes, mais tout aussi charmantes. Est-ce que « faire la cour » se dit encore ? Dans un sens désuet, moqueur, peut-être. En revanche, j'ai entendu ou lu, dans une acception ironique, l'expression « faire les yeux doux » : « Macron a fait les yeux doux aux maires de droite. » Il y a un mot qui a pris la place de toutes ces petites merveilles...

– Draguer, la drague, dit Octo.

– C'est ça, draguer, reprit Mathilde, et on ne peut pas dire que ce soit un verbe d'une grande élégance. Râcler, creuser le fond...

– Il y a des expressions synonymes de draguer, dis-je, qui ne sont pas non plus d'une grande distinction. « Faire du gringue », « faire du plat ». Pire : « faire du rentre-dedans ». Ah, ma chère Mathilde, qu'on est loin de « conter fleurette » !

– À propos de drague, demanda Octo, vous rappelez-vous comment dans notre jeunesse les garçons abordaient les filles ? Par une question : « Vous habitez chez vos parents ? »

– C'est exact, dit Gérard. Je l'ai employée plusieurs fois.

– Quel jeune, aujourd'hui, reprit Octo, oserait formuler une question aussi banale, aussi nunuche ?

– Nunuche, on l'entend encore un peu, dit Coco Bel-Œil.

– À l'époque, continua Octo, on considérait que c'était une question habile, une manière astucieuse pour un garçon d'aborder une fille.

– On aurait plus de raisons de la poser de nos jours, dit Jean-Paul, les enfants restant beaucoup plus longtemps chez leurs parents qu'il y a soixante et quelques années.

– J'aime bien l'expression « elle sort avec… », dit Coco Bel-Œil, c'est une formule hypocrite qui signifie : ils rentrent et ils couchent ensemble.

– Autrefois, on disait « elle fréquente », ajoutai-je. Maintenant, on dit qu' « elle a un mec ». C'est moins élégant.

– À chaque époque ses vulgarités, dit Jean-Paul. Rappelons-nous cette expression « elle est à la colle ». Pas joli, joli !

À ce moment-là, un maître d'hôtel entra dans le salon des Goncourt en portant un fraisier orné d'une grosse bougie allumée. Il le déposa devant Nona. Coco Bel-Œil avait déjà sorti son appareil photo. Il enregistra toutes les expressions du visage de notre vieille et délicieuse amie, tandis que nous chantions *Happy birthday to you*. Quand elle eut soufflé la bougie sous nos applaudissements, chacun à notre tour nous nous levâmes pour aller l'embrasser.

Nona essuya une larme de bonheur. Puis, elle confia de sa voix toujours ferme :

– Quand j'étais gamine, mes parents disaient de moi que j'étais une « petite peste ». Eh bien, je vais peut-être vous étonner, j'adorais être qualifiée de « petite peste ». Ça me donnait une singularité que mes sœurs et mes amies n'avaient pas.

– Vous étiez moqueuse, effrontée ? lui demanda Marie-Thérèse.

– Vous étiez taquine ? Vous aimiez faire des blagues, des niches ? ajouta Mathilde.

– Oui, des niches, répondit Nona. Je crois bien que ce mot « niche », dans ce sens-là, a fait comme moi : il a vieilli.

– Les niches, de nos jours, sont plutôt fiscales, précisa Octo.

– J'imagine, dis-je, qu'il y a bien longtemps que les murs de ce salon des Goncourt – je crois qu'il date de 1914 – n'ont pas entendu des hommes et des femmes parler de petites pestes qui se font des niches…

Nona mangea sa part de fraisier sans en laisser une miette. Elle hésita avant de refuser d'être servie d'une seconde. Décidément en grande forme physique et intellectuelle, elle reprit la parole pour apporter une nouvelle contribution à nos échanges sur les mots et expressions d'hier et d'aujourd'hui :

– Je suis chaque fois étonnée d'entendre mes trois petits-fils prononcer le mot « sou ». « Je n'ai pas un sou », « Il ne sait parler que de gros sous ». Le mot « franc », oublié. Mais sou leur plaît, je ne sais pas pourquoi. Sa consonance brève, son image de pauvreté, peut-être. Il se peut aussi qu'ils l'emploient pour me faire plaisir, parce qu'un jour je leur ai dit que le mot « sou » dans leur bouche, c'est comme un louis d'or sur la langue de saint Vincent de Paul.

– L'argent, dit Jean-Paul, est l'un des mots qui a le plus d'équivalents dans le langage populaire. Mais je me demande si l'argot n'est pas en perte de vitesse. Le grisbi des années soixante a disparu. De même, la joncaille, la carbure, la fraîche. On n'emploie plus non plus les patates des années quatre-vingt-dix. Le mot pépètes est complètement dévalorisé, les tintins aussi, me semble-t-il.

– Le mot à la mode, c'est la « thune », dit Gérard.

– La thune, c'est plutôt chez les jeunes, reprit Jean-Paul, les jeunes des classes populaires. Non, le mot qui a dévoré tous les autres, c'est « fric », le fric. Et tout de suite après, « pognon », le pognon. Hé, le notaire, quel mot tu employais ?

– Dans mon cabinet, « l'argent », bien sûr, répondit Octo. Et, en dehors, entre collègues, entre amis, le mot « kopeck », des kopecks.

– Je suis sûr, dis-je, que les jeunes des banlieues emploient des mots nouveaux que nous ne connaissons pas.

Octo ayant renversé et cassé un verre, Marie-Thérèse s'exclama : « Faites chauffer la colle ! », expression amusante et désuète puisqu'il n'est plus besoin de faire chauffer la colle pour l'utiliser et que, de toute façon, on ne répare plus rien.

La conversation bifurqua ensuite sur des locutions toujours utilisées alors que leur sens premier est obsolète. « Vogue la galère ! », « rouler carrosse », « en perdre son latin », « vieux comme Hérode » (souvent transformé en « vieux comme mes robes »), « entrer en lice », etc.

Comme le café avait été servi et bu et que le déjeuner touchait à sa fin, je dis :

– J'aime beaucoup l'expression « en France, tout se termine par des chansons ». Nona, vous nous feriez un immense plaisir si vous acceptiez, pour clore votre repas d'anniversaire, de nous chanter une chanson.

Elle ne se fit pas prier longtemps.

– Non, non, restez assise, lui dis-je.

– Debout, c'est mieux pour la voix.

Nona chanta sans se tromper, sans hésiter, une chanson de Jacqueline François qui fut un tube des années cinquante, *Les Lavandières du Portugal.* Au refrain, elle nous demanda de l'accompagner chaque fois qu'elle lançait : « Et tape et tape et tape avec ton battoir, et tape et tape… » Les Jeunes Octogénaires Parisiens faisant tous ensemble le geste de taper sur du linge, tandis que leur doyenne reprenait les paroles, c'était à coup sûr un spectacle inédit dans le salon des Goncourt.

Edmond a dû se retourner dans sa tombe.

La santé (5)

Un soir de février, j'ai reçu un étrange appel téléphonique de Marie-Thérèse Guermillon. Elle me dit qu'un jour j'aurais certainement besoin de masques sanitaires et qu'elle en possédait une quarantaine. Elle les avait récupérés auprès d'une amie fonctionnaire qui travaillait à Vitry-le-François dans les bureaux d'un immense hangar où des millions de ces masques avaient été conservés, puis en avaient été retirés.

– Mais que veux-tu que je fasse de ces masques ? ai-je demandé à Marie-Thérèse.

– Tu n'as pas entendu parler du coronavirus chinois ?

– Si, dis-je, il est chinois et, d'après les médecins questionnés à la radio et à la télévision, il le restera. La grippe qu'il propage n'est pas dangereuse, une « grippette » selon les spécialistes.

– Je ne suis pas de cet avis, dit l'ex-infirmière. Le coronavirus est comme nous, il adore prendre l'avion et voyager. Je te signale qu'il est déjà arrivé à Milan. Demain, il sera à Paris, sois-en sûr, Guillaume.

J'ai appelé Octo, qui s'est montré aussi sceptique que moi. Nous nous sommes un peu moqués de Marie-Thérèse, victime du syndrome de l'infirmière au grand cœur qui veut prendre en charge une pandémie. La suite des événements nous a donné tort. J'ai présenté mes excuses à Marie-Thérèse pour avoir pris à la légère son avertissement et sa proposition de masques. Elle m'en a apporté une demi-douzaine, que j'ai mis alors que les pharmacies en étaient dépourvues et que le discours officiel prétendait qu'ils étaient plus une coquetterie qu'un barrage contre le coronavirus.

Le confinement a éparpillé les JOP. Une fille de Nona a embarqué sa mère dans sa maison des monts du Lyonnais. Coco Bel-Œil s'est trouvé coincé dans sa future belle-famille, à Carcassonne, son mariage étant remis à des temps meilleurs. Les Blazic ont profité de la dernière nuit avant que la France se fige pour filer dans leur bicoque du Finistère. Ne restaient à Paris que les Guermillon, Octo et moi. Mais, comme beaucoup de Français, nous avons appris à bavarder le soir sur Face Time ou sur Skype, échangeant les yeux dans les yeux des paroles de réconfort et d'encouragement.

Il n'était de jour où, les uns ou les autres, nous ne nous félicitions de n'être pas dans des Ehpad. Blazic a créé un néologisme : ehpadé. Malheur aux ehpadés ! Les actualités nous montraient des cercueils qui sortaient nombreux de ces maisons de retraite devenues des mouroirs. Les rescapés se plaignaient de l'isolement auquel ils étaient soumis.

Mais comment empêcher le coronavirus d'entrer dans ces bâtiments où la résistance qui lui serait opposée serait très faible ? Les statistiques distinguaient les morts des Ehpad de ceux des hôpitaux. J'appris le décès parmi les ehpadés d'une ancienne correctrice, puis d'un vieux libraire de Montparnasse qui plaçait dans ses devantures, plus souvent qu'à mon tour, les livres que j'éditais. Nona perdit une nièce dans un Ehpad, les Guermillon un couple de leurs amis, les Blazic une cousine dont ils étaient la seule famille. À l'annonce de chaque décès, de chaque bilan des morts dans les Ehpad, nous nous disions que nous étions des privilégiés et qu'il ne fallait pas gâcher cette chance en prenant des risques inutiles. Aucun de nous ne contracta le Covid-19. Coco Bel-Œil craignit le pire quand, toussotant, un rosé laissa insensible son nez et son palais. La perte de l'odorat et du goût était le symptôme le plus spectaculaire et le plus chic du Covid-19. « Mets ton nez au-dessus d'une soupe de poissons bien chaude ! » conseillai-je à Coco Bel-Œil, qui ne me rappela pas.

Si Octo et moi étions sceptiques à ses débuts sur les dangers du coronavirus, nous en avons fait ensuite un touriste chinois auquel nous refusions toute marque d'hospitalité. C'était à nos yeux un être invisible mais fourbe, malin, cruel, d'une présence d'autant plus redoutable qu'elle était insoupçonnable. Quel genre d'individu était-ce ?

– C'est un anticapitaliste, dit Octo. Les Bourses du monde entier se sont effondrées. Les usines ferment, le chômage s'étend, les États et les banques ne pourront pas sauver tout le monde.

– C'est aussi un écologiste, dis-je. Plus d'avions dans le ciel, plus de bateaux sur les océans, les voitures restent dans les garages. L'air des villes chinoises confinées est redevenu transparent et sain.

– Covid-19 est un misanthrope, ajouta Octo. Il est contre les groupes, les rassemblements des familles, les fêtes, les dîners d'anniversaire. Il empêche même les parents et les amis de se réunir autour d'un défunt.

– Pire que misanthrope, c'est un janséniste ! On ne se touche pas, on ne se serre pas la main, on ne s'embrasse pas, on ne se donne pas de marques d'affection. Ce virus est un tue-l'amour et l'amitié.

– C'est surtout un tueur de vieux, reprit Octo. Quatre-vingt-dix pour cent des morts ont plus de soixante-cinq ans. Pour les plus de quatre-vingts ans, les statistiques doivent être effrayantes. C'est pourquoi on ne les donne pas. Si le Covid-19 tuait surtout les enfants et les gens jeunes, la dramatisation universelle serait beaucoup plus grande. On s'affolerait davantage et on aurait raison. Il y a quelque chose de logique, et même de moral, dans le fait que ce soient surtout nous, les vieux, qui payions le plus lourd tribut à cet ogre sans frontières.

– Raison de plus pour lui échapper, dis-je. Si nous y parvenons, nous serons des rescapés, comme dans les romans de science-fiction où des générations de vieillards succombent à des maux mystérieux.

– Peut-être que seuls les JOP ne mourront pas du Covid ?

– Pensée peu charitable, dis-je à Octo, mais très stimulante !

Nos conversations par Face Time agrémentaient notre confinement. Le mien était heureusement rompu de temps en temps par des visites de Manon, vétérinaire autorisée à recevoir et à se déplacer pour des motifs urgents. Je lui envoyais des textos ainsi rédigés : « Primate en cage, la bave aux lèvres, la tête contre les grilles, cherche explication philosophique à une solitude imposée, sans avenir. Danger d'automutilation par désespoir. Urgent. » Nos heures passées ensemble nous paraissaient d'autant plus exquises qu'elles étaient illégales. Nous ne mettions en danger que nous-mêmes. Le plaisir de tricher avec l'ordre public et, à mon âge, de me comporter en rebelle sanitaire me donnait l'impression que je renforçais ainsi mes défenses immunitaires.

Après trois semaines de confinement des hommes, des femmes et de leurs animaux, Manon fut appelée à plusieurs reprises chez des personnes dont les chats se comportaient d'une façon anormale. Eux d'habitude si câlins étaient de méchante humeur et n'avaient pas hésité à griffer des enfants avec lesquels d'ordinaire ils jouaient. Manon remarqua que c'était chaque fois dans des foyers où le chat restait d'habitude seul toute la journée, les enfants étant à l'école, les parents travaillant tous les deux. Avec le confinement, le chat avait perdu sa tranquillité, son sommeil à volonté. Il devait jouer avec les enfants quand ceux-ci le désiraient – c'était souvent – et répondre aux sollicitations de ses maîtres désœuvrés et nerveux. Il était la vraie victime de ce repli de la famille sur le logis commun. Certains manifestaient leur hostilité à cette nouvelle vie de promiscuité permanente par des miaulements rageurs et même des coups de griffe.

Plus sociables, les chiens montraient de la satisfaction à bénéficier de la présence accrue de leurs maîtres. Ils leur offraient des prétextes à des promenades dans les rues, à condition d'être munis de ridicules auto-attestations. La voix de Manon trembla quand elle me raconta sa visite à une vieille dame dont le chien était mourant. Une piqûre mit fin à ses souffrances. Son geste était aussi pour la vieille dame le début de la solitude dans le confinement. Manon referma la porte sur un silence insoutenable.

Pommard est probablement aussi voluptueux et égoïste que les autres chats, mais mon confinement sanitaire le dérange très peu. Il est habitué à ma présence tout au long des jours. Le retraité est un confiné rétribué. Il est payé pour rester chez lui. D'ordinaire, il a le droit de sortir, de prendre l'avion ou le bateau, de voyager, mais, au bout du compte, il revient et reste à son domicile. Le retraité est un confiné professionnel. Pommard ne va pas s'irriter de ce que je suis plus souvent chez moi que d'habitude. Il admet que je puisse apporter quelques variantes à mon comportement, l'essentiel étant que son existence n'en soit pas bouleversée.

Mon anniversaire a suivi de dix jours le déconfinement. Les restaurants étant fermés, nous nous sommes contentés d'un Zoom-champagne avec les JOP, tous revenus à Paris. Notre joie sonnait un peu faux. Nous nous sommes distribué des consignes de prudence. Si l'un de nous chopait le coronavirus, ce serait aussi fatal qu'au début de la pandémie. Le tueur de vieux était toujours aux aguets. Il avait raté Marie-Thérèse Guermillon, qui avait pris des risques en se rendant utile à l'hôpital Pompidou et en distribuant de la nourriture à des familles sans argent. *Le Parisien* lui a consacré une demi-page, célébrant son « dévouement héroïque ». Nous l'avons à notre tour félicitée. Son engagement nous donnait cependant mauvaise conscience. Octo et moi n'avions pas bougé le petit doigt, sauf pour applaudir le personnel médical chaque soir à 20 heures et signer quelques chèques envoyés à des fondations ou à des collectes sur Internet. Pouvait-on faire moins ? Ou plus ?

Une douleur stimulante

Coco Bel-Œil est mort.

Inconcevable, injuste, révoltant. Incrédulité, puis désespoir.

Raphaëlle et Coco Bel-Œil marchaient bras dessus, bras dessous rue de Sèvres, quand elle a senti qu'il se détachait d'elle. Arrêté, il a fléchi sur ses jambes, puis s'est laissé tomber à côté d'elle sans qu'elle ait pu le retenir. Elle croit l'avoir entendu dire : « Mal, mal. » Par terre, la bouche ouverte, il avait le visage crispé par la douleur ou l'effroi. Respirait-il encore ? Raphaëlle ne sait plus. Elle a demandé aux passants attroupés autour du corps d'appeler les pompiers. Ils sont arrivés très vite. Mais, déjà, trop tard. Leurs efforts pour le ranimer ont été vains.

Un infarctus massif avait terrassé notre ami en quelques secondes. Comment imaginer que le plus jeune d'entre nous nous quitterait aussi vite ? Et pas emporté par cette saloperie de virus à la mode.

J'attends Octo. Il vient déjeuner. À la fortune du pot, lui ai-je dit. J'ai passé la matinée chez Coco Bel-Œil pour aider

Raphaëlle à régler les formalités du décès et préparer les obsèques. Des membres de la famille l'ont rejointe. Mais c'est elle, la fiancée inattendue, entre courage et détresse, qui a pris les choses en main.

J'ai appelé les JOP pour les informer de la disparition de notre ami. C'est Nona qui a été la plus bouleversée. « C'était à moi de partir ! répétait-elle. Pauvre garçon ! » Elle était en âge d'être sa mère. Elle avait pour lui des attentions qu'elle n'avait pas pour nous qui étions plus proches de sa génération. Elle pleurait. « Je vais prier pour lui. »

Je n'ai pas osé lui dire que le corps de Coco Bel-Œil ne passera pas par une église. Il ira directement de la morgue de l'hôpital Pompidou au crématorium du cimetière du Père-Lachaise.

Assis dans des fauteuils qui se font face, Octo et moi évoquons d'abord longuement la personnalité de Gustave Jordan, dit Septu, dit Coco Bel-Œil. Son professionnalisme dans la vente ou la location des appartements et bureaux dont Octo et moi avons toujours été satisfaits. La joie que nous avons éprouvée à l'annonce de la fin de sa solitude plus brouillonne que maîtrisée. Nos craintes qu'il contracte un mariage qui, jusque-là, excitait plus son persiflage que son admiration. Notre rencontre avec Raphaëlle qui nous a rassurés. Mais, faute d'avoir eu la franchise de nous en ouvrir à lui, nous ne saurons jamais pourquoi il prenait autant de plaisir à nous raconter ses conquêtes féminines qui, par malchance, n'aboutissaient jamais. Ce n'était pas par peur d'un fiasco sexuel, Raphaëlle en étant la preuve aimante et reconnaissante.

La perte de Coco Bel-Œil va retirer aux JOP leur part de fantaisie et de modernité. Qui en photographiera désormais les belles heures ? Nous sommes tous un peu moins jeunes et, à notre âge, cela signifie que nous sommes tous un peu plus vieux.

Puis, la conversation a roulé sur les morts soudaines, celle de Coco Bel-Œil étant à nos yeux particulièrement scandaleuse. Nous avons prononcé les mots loterie, injustice, destin, malchance, à l'aveugle, infortune, fatalité, hasard, cruauté. Octo et moi, épargnés par la grande faucheuse, avons mauvaise conscience de survivre à un ami plus jeune d'une dizaine d'années, qui allait commencer une vie nouvelle. Je ne serai pas le témoin de son mariage, mais de ses obsèques.

– Sais-tu, m'a demandé Octo, s'il y a des hommes célèbres qui, comme Coco Bel-Œil, sont morts dans la rue ?

– Dans un accident, oui, ou après un accident, comme Roland Barthes ou Louis Nucéra, mais de mort naturelle, je ne sais pas.

– Existe-t-il une anthologie des morts d'écrivains ? ou une anthologie de la mort des principaux personnages des romans célèbres ?

– Je ne crois pas. Pourquoi me demandes-tu ça ?

– Parce que je trouve que la mort de Coco Bel-Œil est très romanesque. En pleine rue, la foule, les pompiers. Dans les bras de sa fiancée…

– C'est évidemment plus spectaculaire que la mort pendant le sommeil, seul dans un lit ou intubé à l'hôpital pour insuffisance respiratoire due au coronavirus.

– Pardon de te choquer peut-être, dit Octo, mais je trouve que notre ami a eu une mort splendide. Je préférerais, bien sûr, qu'il soit encore parmi nous, mais quel départ !

– Non, je ne suis pas choqué, et je vais même t'avouer que lorsque Raphaëlle m'a fait le récit de sa mort, tout ému que j'étais, je me disais que j'aimerais mourir aussi vite, aussi bien, dans les bras de Manon. Dans son malheur, il a eu de la chance, et je l'en ai un peu envié.

La conversation n'était plus dans le deuil des deux premières heures. Elle prenait une sorte de distance avec notre chagrin. Elle s'interrompait parfois pour me permettre de répondre à des appels téléphoniques et à Octo d'aller aux toilettes. Un jour viendra-t-il où sa prostate s'appellera Baptiste et nous laissera tranquilles ?

Nous avons oublié de déjeuner. Il est vrai que je n'avais qu'un restant de spaghettis aux fruits de mer et que je ne voulais pas me mettre en cuisine. J'ai proposé à Octo, en souvenir de Coco Bel-Œil, de notre amitié pour lui, de boire une bouteille de chambertin. (J'étais certain d'avoir pris ce matin un cachet de Mopral.) Nous avons levé nos verres en silence, dans le recueillement, et bu en fixant mentalement une image de lui, en écoutant sa voix.

Puis, Octo a dit :

– Imagine que ce soit toi qui aies levé l'ancre. Peut-être que Coco Bel-Œil et moi nous serions chez toi en train de boire cette bouteille de chambertin…

– C'est d'autant plus vraisemblable que, je connais Manon, elle vous l'aurait proposé. En ajoutant que c'était le dernier cadeau de mon fils et en vous priant de boire à sa santé.

– À la santé de Manon ?

– Elle me dit souvent, quand je la bassine avec le moment où je la laisserai seule, que c'est peut-être elle qui partira la première.

– Et qu'est-ce que tu lui réponds ?

– Je proteste, je lui dis que les probabilités sont infimes, et j'ajoute qu'il y a beaucoup plus de chances qu'elle soit punie d'avoir aimé un homme plus âgé qu'elle, que moi d'être châtié d'avoir aimé une femme plus jeune que moi.

– Coco Bel-Œil et Raphaëlle avaient le même âge.

– Avaient ou ont ?

– C'est toi l'éditeur.

– Je suis encore pour le présent.

– Ce qui est sûr, dit Octo, c'est que Raphaëlle, après le temps du deuil, quand elle se réinscrira à l'agence « Chic et chiche ! », choisira plus jeune qu'elle...

Notre conversation s'est prolongée dans un mélange de tristesse et de bonne humeur, avec même des éclats de rire au-dessus de la bouteille de chambertin peu à peu vidée.

Octo reparti, je me suis dit que le déroulement de notre tête-à-tête ressemblait à la collation à laquelle le veuf ou la veuve invite parents et amis après les obsèques. Le premier verre est dans la mélancolie, le deuxième dans la gaieté, le troisième dans la joie d'être vivants et réunis.

Ces heures passées avec mon meilleur ami, dans la douleur

d'avoir tous les deux perdu un excellent camarade, nous ont fait du bien. Nos liens n'étaient pas distendus, mais ils avaient besoin d'être fortifiés par une épreuve surmontée ensemble. La mort de Coco Bel-Œil nous laisse plus à découvert qu'avant, augmentant notre vulnérabilité. Nous nous étions sentis plus faibles. Maintenant, toujours en vie, nous étant épaulés dans l'affliction, rassurés dans l'angoisse, divertis dans le soulagement, nous voilà l'un et l'autre regonflés à bloc.

Derniers engagements

Par un mouvement spontané, Octo et moi avions serré les rangs pour affronter la disparition de notre ami. C'étaient tous les JOP qui allaient devoir s'accoutumer à son absence. La proposition de remplacer Coco Bel-Œil par Raphaëlle n'a pas été retenue. Certains d'entre nous n'avaient fait sa connaissance qu'au Père-Lachaise. Trop jeune pour entrer dans un club de patriarches, elle allait probablement refaire sa vie.

Le voyage à Berlin était remis à l'année prochaine.

Il y avait dans nos conversations au téléphone des silences inhabituels.

C'était la première fois qu'un de mes proches mourait soudainement. Coco Bel-Œil s'était levé sans penser une seule seconde que ce serait son dernier matin. Condamné à mort dans la journée sans le savoir. Aurait-il préféré avoir un préavis ? Pas sûr. C'était probablement mieux comme ça.

Les matins qui ont suivi ses obsèques, je ne pouvais pas m'empêcher de penser en me levant que ce serait peut-être l'ultime journée de ma vie. Octo et Jean-Paul Blazic étaient victimes du même syndrome. La probabilité d'une épidémie de mort par surprise était mince. La fatalité fait des prélèvements plutôt que des rafles.

N'empêche que je fus obsédé pendant quelque temps par cette idée que mes yeux ne verraient pas la fin du jour. Cela m'incita à réfléchir sur moi, Guillaume Jurus, dans ma quatre-vingt-quatrième année, fragile comme tous les vieux, vigoureux comme un cep de gamay. Faire le point sur ma trajectoire. Établir un bilan non pas pour une fois de la santé de mon corps, mais de l'état de ma vie mentale. Sauf Alzheimer et autres troubles neuropsychologiques, on reste maître jusqu'au bout de ce qu'on pense, de ce qu'on désire, de ce qu'on repousse, de ce qu'on aime. À tout âge, il y a des choix à faire. Les derniers ne sont pas les moins importants, même s'ils dépendent beaucoup des choix précédents. Opter pour la raison bienfaisante, la sagesse heureuse et, pourquoi pas, pour cette fantaisie conservée dans un coin du cerveau comme un graal de la jeunesse.

Ma survie était trop courte pour que je continue de me fatiguer dans des contraintes barbantes. C'est pourquoi je décidai d'abandonner l'écriture de mes mémoires. Ils me paraissaient de plus en plus dénués d'intérêt. Je m'ennuyais à relire ce que j'avais écrit sur mon enfance et ma jeunesse, dans le respect stupide de la chronologie. Ma mémoire était fatiguée, surtout paresseuse, mon style plat et insipide comme un matefaim sans sucre.

À quoi bon perdre mon temps dans une pénible remémoration de ce que j'ai été, quand j'ai l'impression de le valoriser en écrivant sur ce que je suis ! Pourquoi m'égarer dans les brumes du passé, alors que le récit de mes vieux jours s'écrit dans la lumière du présent ? Toutes ces heures passées à consulter mes archives, à lire des lettres, à examiner des photographies, à remuer des souvenirs souvent rafistolés par commodité, toutes ces journées consacrées à l'exploration et à la reconstitution d'une longue histoire, c'était autant de temps volé à mon plaisir de vivre encore et d'avoir belle lurette devant moi.

Arrière le passéisme ! Vive l'instant présent !

Écrire sur ma vieillesse et celle de mes amis, c'est ajouter une dimension narrative à notre existence, l'enchaînement des mots s'ajoutant à l'enchaînement des heures. Le récit est quasiment en direct. Nous sommes dans l'action et la réflexion du moment, et non dans la fabrication de la conserve biographique. Même si mes phrases sont parfois maladroites, c'est un réel plaisir d'écrire au présent ou au passé immédiat.

Il y a mieux : plus on avance en âge, plus on avance dans son exploration. Je me dis chaque matin que je connais mieux mon sujet que la veille et que, demain, je le connaîtrai mieux qu'aujourd'hui. C'est un encouragement à vieillir.

Je ne peux cependant pas remettre à plus tard la rédaction de ce livre, sous prétexte que plus les années passeront, plus j'amasserai de l'expérience, et plus le témoignage sera pertinent et complet. Si je pousse trop loin, je cours le risque de disparaître au milieu du texte. Pour bien faire, pour une juste adaptation de la vieillesse au livre qu'elle alimente, il faudrait que le dernier souffle de l'auteur coïncide avec sa dernière phrase. Je n'y suis pas favorable...

La mort imprévue, soudaine de Coco Bel-Œil, angoisse et douleur mêlées dans la fulgurance, m'a confirmé que c'était bien la fin la plus enviable, hors rue et foule qui la rendaient un peu trop spectaculaire à mon goût. L'intimité du logis est préférable. Les bras de Manon formeraient un gué doux et rassurant. Si je suis seul, être accompagné dans mon fauteuil favori par l'adagio du *Concerto n° 23 en* la *majeur* de Mozart, par Schubert, par Rachmaninov ou par la joyeuse valse de la *Symphonie fantastique* de Berlioz serait une dernière faveur du destin.

De même, être interrompu à tout jamais dans une relecture de Voltaire, Baudelaire, Colette ou Giono, le livre restant ouvert sur mes genoux.

Mais je n'ai pas fait mon temps, loin de là ! Plutôt que d'évoquer des échéances que j'espère lointaines – on voit que j'ai repris du poil de la bête –, parlons des dispositions prises pour l'avenir immédiat, après consultation de mon moi jumeau, resté silencieux, respectueux de mon deuil.

Voici sept engagements sur lesquels je veux construire ma fin de vie, me promettant non pas de les suivre à la lettre – je suis conscient de mes lacunes et de mes faiblesses –, mais de m'en inspirer le plus souvent. Comment 7, mon chiffre porte-bonheur, ne serait-il pas associé à cette vertueuse et ultime ordonnance d'un docteur en psychologie du troisième âge ?

1. *Ne jamais me plaindre.* Chanceux, l'amour et l'amitié

font cortège à mes vieux jours. Seul le plaisir justifie mes travaux d'écriture. Mes muscles ont fondu, j'ai perdu deux centimètres, je supporte de plus en plus mal le froid, mais mon corps qui, jusqu'à présent, a échappé aux fléaux des CI2A tient la route. Ma tête est solide sur mes épaules. Dans ces bonnes conditions, ne pas faire ce que font beaucoup de mes alter ego en âge qui transforment en montagnes leurs petits accrocs de santé, les pannes de leurs appareils électriques et les déconvenues de l'existence.

2. *Être de bonne humeur.* Cicéron : « Les vieillards intelligents, agréables et enjoués supportent aisément la vieillesse, tandis que l'acrimonie, le naturel chagrin et la morosité sont fâcheux à tout âge » (*Savoir vieillir*). Soyons modeste : je veux *m'efforcer* d'être le plus souvent de bonne humeur. Et me rappeler et me redire que rire de soi est un moyen commode d'avoir un tempérament joyeux.

3. *Entretenir ma curiosité.* Le champ de ma curiosité s'étant rétréci, je puis la rendre plus efficace en accordant plus de temps à mon attention, afin que celle-ci continue de m'informer, de m'émouvoir ou de me divertir, de m'enchanter. Je reste un bouillon et un brouillon de culture. Je dois plus encore à celle-ci depuis que je n'en suis plus un professionnel. C'est une hôtesse reconnaissante et désintéressée.

4. *Ne pas m'isoler.* Solitude, morne plaine de la vieillesse. Avec l'âge, la conversation est devenue plus qu'un moyen de communication : une preuve d'existence. Malheureux retraités, d'abord d'une profession, ensuite de la société, qui cherchent à qui parler. Manon, Octo et Pommard sont des

interlocuteurs toujours disponibles. Mes amis, les Jeunes Octogénaires Parisiens, et d'autres vieux camarades ne repoussent jamais l'occasion de tailler une bavette. WhatsApp me relie chaque jour à mon fils. J'aime aussi échanger avec Mme Fofana, ma femme de ménage, avec le gardien et certains habitants de l'immeuble, avec les commerçants du quartier, avec le mendiant du coin de la rue… Se dire que la banalité des propos, les conventions d'usage sont enviées par des reclus, des abandonnés, des seuls avec eux-mêmes.

5. *Profiter.* Des avantages de la vieillesse : respect, déférence, bienveillance, compassion. Ces sentiments sont souvent hypocrites. Peu importe. Il faut les exploiter à notre bénéfice. C'est le moment ou jamais d'être réaliste. Et même cynique quand nous nous sentons puissant et incassable.

6. *Rêver.* Avant de devenir vieux, on n'a pas le droit, les yeux ouverts, de rêver. Enfant, c'est une échappatoire ; adulte, une perte de temps. Maintenant que je suis sans ambition, sans responsabilités, libre de mes faits, gestes et pensées, quel délicieux plaisir que de m'asseoir ou de m'allonger pour rêver ! D'aucuns diront raisonner, méditer, cogiter, réfléchir. Je me préfère en rêveur des confins.

7. *Ajouter.* Ce n'est pas parce qu'on est vieux qu'on n'a pas le droit d'ajouter quelque chose à sa vie. Pour l'embellir, pour l'enrichir. Un divertissement, une foucade, une amitié, une gourmandise, un nouveau rite, une occupation, une croyance, une passion… On a le temps, on peut choisir. On peut essayer. Une envie me trotte dans la tête depuis quelques

semaines, que la mort de Coco Bel-Œil avait occultée : me frotter aux réseaux sociaux. Entrer dans ce monde tumultueux dont on fait plus souvent le procès que l'éloge. Je ressens le besoin de m'y manifester. Si je constate que ce n'est pas ma place, je m'en retirerai. Si j'y prends du plaisir, j'en ferai une petite annexe de mes vieux jours.

C'est dit, demain, je twitte.

Table

DU MÊME AUTEUR

Aux Éditions Albin Michel

Les Dictées de Bernard Pivot, 2002 ; Le Livre de poche, 2004.

100 mots à sauver, 2004 ; Le Livre de poche, 2006.

100 expressions à sauver, 2008 ; Le Livre de poche, 2010.

Les Mots de ma vie, 2011 ; Le Livre de poche, 2013.

Les tweets sont des chats, 2013.

La mémoire n'en fait qu'à sa tête, 2017.

Chez d'autres éditeurs

Le Métier de lire. D'Apostrophes à Bouillon de culture, réponses à Pierre Nora, Gallimard, coll. « Folio », 2001.

Dictionnaire amoureux du vin, Plon, 2006.

Oui, mais quelle est la question ?, NiL, 2012.

Au secours ! Les mots m'ont mangé, Allary, 2016.

Lire !, avec Cécile Pivot, Flammarion, 2018.

Composition IGS-CP
Impression CPI Bussière en février 2021
Éditions Albin Michel
22, rue Huyghens, 75014 Paris
www.albin-michel.fr
ISBN : 978-2-226-45132-3
N° d'édition : 24011/07 – N° d'impression : 2056205
Dépôt légal : janvier 2021
Imprimé en France